LE

R. P. HUGOLIN

DE DOULLENS

OU

LA VIE D'UN FRÈRE MINEUR

MISSIONNAIRE EN CHINE AU XIXᵉ SIÈCLE

par L. DE KERVAL

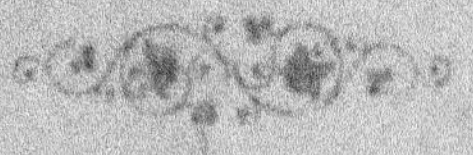

ROME, 12, VIA GIUSTI

IMP. FRANCISC. MISS.   VIC ET AMAT
VANVES PRÈS PARIS   11, RUE CASSETTE, PARIS

1902

LE

R. P. HUGOLIN

DE DOULLENS

OU

LA VIE D'UN FRÈRE MINEUR

MISSIONNAIRE EN CHINE AU XIX⁰ SIÈCLE

par L. DE KERVAL

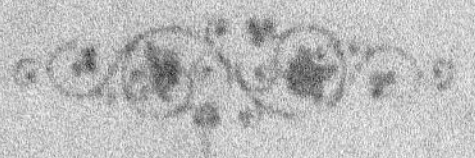

ROME, 12, VIA GIUSTI

IMP. FRANCISC. MISS.   VIC ET AMAT
VANVES PRÈS PARIS   11, RUE CASSETTE, PARIS

1902

LE

R. P. HUGOLIN DE DOULLENS

IMPRIMATUR

Fr. Albertus Lepidi, O. P.
S. P. Ap. Magister.

APPROBATION

du Rme Père Vicaire Général des Frères Mineurs

Rome, le 12 juillet 1902.

Cher Monsieur de Kerval,

Avec non moins de goût que de talent, vous avez réuni les intéressantes correspondances du P. Hugolin de Doullens. C'est un travail duquel vous sauront gré tous ceux qui liront ces récits pleins de verve et d'entrain.

Inutile d'ajouter qu'ils y trouveront un stimulant à sacrifier joyeusement tout ce qui peut les éloigner du Souverain Bien. Puissent Dieu et N. P. S. François bénir et l'auteur et son œuvre.

Fr. David Fleming,
Vic. Général.

LE
R. P. HUGOLIN
DE DOULLENS

OU

LA VIE D'UN FRÈRE MINEUR

MISSIONNAIRE EN CHINE AU XIXᵉ SIÈCLE

par L. DE KERVAL

ROME, 12, VIA GIUBIT
IMP. FRANCISC. MISS. | VIC ET AMAT
VANVES PRÈS PARIS | 11, RUE CASSETTE, PARIS

1902

INTRODUCTION

La soif du salut des âmes qui, jadis, embrasait le Patriarche d'Assise et l'entraînait, joyeux et intrépide, vers le Maroc et vers l'Égypte, l'ardeur des missions, qui a fait de ses fils les premiers évangélisateurs de la Chine, de l'Amérique et de l'Océanie, sont toujours inextinguiblement vivantes au cœur des Frères Mineurs.

L'Ordre de saint FRANÇOIS, après bientôt sept siècles de luttes et de révolutions de tout genre, est encore l'Ordre missionnaire par excellence, celui qui fournit le plus d'apôtres, celui qui enfante le plus de martyrs. Les pages suivantes, en retraçant les aventures, tout à la fois émouvantes et pittoresques, d'un de ces Franciscains de notre temps qui, avec leur bure en haillons et leur pieds nus, s'en vont sur les plages infidèles faire connaître JÉSUS-CHRIST, nous en fourniront une preuve nouvelle ; elles seront lues partout, croyons-nous, avec autant de plaisir que d'enthousiasme. Elles sont, au surplus, pleines d'actualité. Ne concernent-elles pas cet empire chinois vers lequel tant d'événements récents et sanglants ont, de nouveau, attiré l'attention de l'Europe, ce sol, pour nous encore enveloppé d'ombre et d'inconnu, sur lequel se combattent, dans un duel incessant et gigantesque, le paganisme et l'Évangile, la civilisation et la barbarie, l'oppression et la liberté ?

Notre tâche ici, comme écrivain, — la vérité nous fait un devoir de le confesser, — a été simple et facile : nous n'avons guère eu qu'à recueillir, qu'à coordonner et, en quelque sorte, qu'à encadrer dans un récit suivi et chronologique, les notes, les lettres personnelles du R. P. Hugolin. Ces lettres et ces notes, par leur originalité, par les peintures humoristiques et vécues, par les détails parfois réalistes qu'elles fournissent, constituent le plus grand, nous pourrions dire l'unique mérite de notre livre.

Puisse-t-il, à cette époque de terre à terre, de préoccupations purement matérielles, d'agiotage éhonté et de jouissances grossières, faire resplendir aux yeux de quelques-uns un idéal plus noble et plus pur, l'idéal du désintéressement et du sacrifice, de l'abnégation et de la croix.

LE R. P. HUGOLIN DE DOULLENS, Frère Mineur

mort en Chine le 2 avril 1897.

LE

R. P. HUGOLIN DE DOULLENS

Frère Mineur Missionnaire en Chine

CHAPITRE PREMIER

L'ENFANCE — LE COLLÈGE

Caractère de fer. — Messe enfantine. — Le Collège.
— Les vieux frimas de Montdidier. — Une souris sa-
vante. — L'année terrible. — La vocation.

 ORSQUE Georges-Marie Villeret naquit,
le 15 juin 1852, dans la ville de Doul-
lens (Somme), il trouva, non seulement la chaude tendresse du foyer
paternel, mais encore une atmosphère
de piété qui devait imprégner sa jeune
âme d'un doux parfum religieux.

Dès son enfance, en effet, il laissa deviner la voie
spéciale que Dieu lui avait tracée. Son caractère de
fer, son esprit bouillant, avaient d'exquises délicates-
ses ; son cœur était susceptible des plus profondes

affections. On put le constater bientôt, lorsqu'on vit les liens touchants qui l'unissaient à sa sœur, plus jeune que lui de quelques années. C'est avec elle qu'il aimait à passer ses soirées, à elle qu'il faisait ses confidences ; comme plus tard, c'est à elle qu'il ouvrira son cœur, pour lui exposer tout au long ses joies et ses labeurs de missionnaire.

Une de ses occupations favorites était de faire des chapelles et de dire la Messe. Beaucoup d'enfants chrétiens le font aussi ; ils se rappellent ce qu'ils ont vu à l'église, et saisis, sans s'en rendre compte, par la majesté du prêtre à l'autel, ils s'essaient à l'imiter. Mais, chez Georges, était-ce bien seulement un amusement enfantin, alors qu'il exigeait de ceux qui prenaient part à ses actes semi-religieux recueillement et piété, sans quoi, notre fervent, mais vif petit garçon les tançait d'importance ? Était-ce aussi un mouvement puéril, cette aspiration de son cœur qui le poussait, bien avant sa première communion, à tirer à l'écart sa pieuse mère, afin de lui confier sa vocation sacerdotale ? Ne peut-on pas y voir une vague intuition de ce qui lui faisait écrire plus tard :

« Qu'elle est donc grande la dignité du prêtre ! Elle est plus grande que le suprême degré de la

puissance terrestre, plus grande que la majesté des
prophètes, plus grande que la puissance des hiérar-
chies célestes. »

Et il répétait le mot du vénérable Curé d'Ars,
cette gloire du troisième Ordre de saint François :
« Le sacerdoce, c'est l'amour du Cœur de Jésus (1). »

On ne croyait pas à ces désirs dans la famille, et,
l'enfant grandissant, il fut décidé qu'on le mettrait
au collège.

A 36 kilomètres, au sud-est d'Amiens, se dresse
une petite ville de 4 000 habitants : c'est Montdidier. Le voyageur qui la traverse s'arrête un instant
à contempler le curieux beffroi de son hôtel de
ville, et passe, peut-être indifférent, devant son collège de Lazaristes. Mais pour notre Georges, pour le
futur et infatigable missionnaire, ce nom seul mettait un rayon de joie dans son regard. C'est là qu'il
étudia ; là, qu'il pressentit l'appel divin à une vie
toute de sacrifices ; là, près de ses excellents maîtres,
qu'il entrevit la grandeur et la noblesse de la vocation religieuse. Aussi, avec quelle fraîcheur de souvenirs, du fond des montagnes chinoises, reparlera-t-
il plus tard à cette sœur, restée si chère à son cœur,

(1) *Revue franciscaine*, 1882-1883, p. 44.

de l'heureux temps du collège ! Combien de fois ne lui jettera-t-il pas l'écho de sa reconnaissance pour les PP. Lazaristes de Montdidier !

Écoutons-le lui-même. Son style humoristique nous fera pénétrer, pour un moment, dans le pieux asile qui fut toujours comme le soleil de son passé ; et, en lisant ces lignes émues, nous admirerons la vertu des maîtres qui savaient inspirer une telle fidélité à leurs élèves.

« J'ai suivi, par la pensée, Henri (son neveu) en retraite ; je l'ai vu faire sa première communion à la même place, devant le même autel que moi, il y a *vingt-huit ans*, peut-être sur le même grand tapis rouge, en présence, lui aussi, de MM. Aybram, Roley et Andrieux, ce trio de grands cœurs. A la messe que j'ai célébrée pour lui, j'ai aidé Henri à se bien préparer et à conserver mémoire de ce beau jour, et je ne doute pas que, lui aussi, ait prié pour son oncle le Chinois. Je l'ai vu, après la Messe, embrasser, heureux, son grand-père, sa mère, sa sœur, aller remercier M. le Supérieur et M. Daveluy. Après les cérémonies du soir, il lui aura fallu se coucher et dormir..... ce qui semble fort drôle après une si belle fête. »

En citant, dans le cours du récit, les lettres de

notre Missionnaire, nous aurons maintes fois sous les yeux le nom du collège et des Pères de Montdidier ; nous voulons cependant transcrire ici deux épîtres qui ne manquent ni de charme ni d'entrain. La première est adressée à l'Association des Anciens Élèves :

« Messieurs et chers camarades,

« J'ai franchi les 5000 lieues et plus qui me séparent de Marseille. J'y ai pris le train sur un long bâton : *Ludere par impar, equitare in arundine longa* ; et j'arrive tout essoufflé au milieu de vous, pour porter un toast. Oui, Messieurs, rien que cela.

« Je vous entends vous demander les uns aux autres : « Qui est celui-là ?... » — C'est un original qui a beaucoup de titres à garder le silence. Demandez plutôt communication des dossiers que nous composaient tous les quinze jours, par a, e, i, o, u, le préfet de discipline et les surveillants, réunis en comité de salut public, et vous verrez, comme dans la lanterne magique,... qui est celui-là. Celui-là ? Eh bien, c'est le plus éloigné de l'Association. Je me suis trouvé cet unique titre de présentation, que tous vous n'enviez pas, et je viens porter un toast,... un toast aux frimas de Montdidier.

« A la réunion fraternelle, il fait chaud dans le cœur. Pourrait-il en être autrement, quand vous revoyez MM. Aybram, Rolley et Andrieux, ces trois grandes âmes ? Vous ne pensez plus alors aux frimas. (Vous n'attendiez pas ce toast intempestif, ce contresens dans la version !...) Et cependant, s'il est vrai que l'instruction et l'éducation de *notre collège* préparent des hommes au moral, il est également certain que les frimas de Montdidier préparent des hommes au physique. Que serait devenu votre plus éloigné camarade, Messieurs, s'il n'avait pas passé huit hivers dans notre cher collège ?

« Perché, depuis 1887, à 812 mètres au-dessus du niveau de la mer, sur des contreforts qui soutiennent des montagnes de rocher, près de la Tartarie, il est emprisonné par la neige, chaque année, pendant bien des semaines ; il jouit d'une température qui fut, en moyenne, durant le mois de janvier 1889, de seize degrés centigrades au-dessous de zéro. A certains jours, ce grand Esquimau a porté sur le dos vingt et un degrés et, une fois, en janvier 1893, vingt-sept degrés centigrades. Quelle jouissance, Messieurs ! Voilà le plaisir ! Et comme on se souvient d'avoir été conscrit à Montdidier !

« On entend encore le vent siffler autour de la

prison et on se remémore cet amusement tapageur qu'on appelait battre la semelle. On voit encore les tourbillons de neige sur l'esplanade, le verglas qui nous faisait marcher sur des cendres pour gagner la classe, la glissade du haut de la cour jusqu'au milieu de la salle, et ces camarades qui soufflaient dans leurs mains pour éviter l'onglée. On rit au souvenir de la petite boîte de fer blanc, qui, dans la poche, mais à l'insu du P. Aybram, contenait du vieux bois allumé. On se rappelle le pain gelé : le matin, c'était un morceau de couronne, et le soir, un pistolet. On retrouve un arrière-goût de ces promenades d'hiver, durant lesquelles les oreilles étaient glacées et le cache-nez n'empêchait pas le promontoire de pleurer. On assiste encore à ces homériques batailles à boules de neige, ou au bombardement des colosses blancs. Qui donc a pu oublier la fameuse tour construite en neige, vers 1867 ? Elle présidait encore dans la cour, au mois d'avril, quand elle fut enlevée par le tombereau de l'administration et le gros cheval blanc, conduit par Lambert et escorté par Alfred, dit Bel-et-Bal. On pâlit encore en entendant la basse de M. Lempreur donner généreusement à qui met les mains dans les poches, vingt-cinq vers, et aux récidivistes, un pain sec !... Et comme elle était intéressante cette autre punition, la suprême ! Le puni ressemblait à un chat qui a les pattes dans des écailles de noix. « Tu ne sais pas, se disait-on, un tel a été pigé pour la quatrième fois, et il a été attrappé... les poches de pantalon cousues ! »

« Que d'autres souvenirs piquants dans ces frimas de notre collège ! On endossait un gilet de laine ; on caressait un cache-nez ; on chaussait des galoches en bas et des moufles en haut : et on croyait faire peur aux braves gens de Marmoutier. Maintenant, on est doublé de peaux de bêtes : peaux de moutons, peaux de renards, peaux de loups, peaux de lièvres, peaux de chats... Avis aux amateurs ! Le chef est caché dans une sorte de capeline de même métal, que la verve montdidérienne surnommerait un bonnet à poil, et on ne fait peur à personne... Camarades de 1863-1871, comment voulez-vous et pouvez-vous me reconnaître dans cet uniforme de Cosaque, si je ne dis pas mon nom ?

« — Oui, nommez-vous ! Nommez-vous !... »

« J'entends le terrible P. Aybram :

« Je veux que vous vous dénonciez de suite, ou
« bien vous souperez, ce soir, à la table qui est à la
« droite de M. le Supérieur. »

« Oui, M'sieu, je vais me dénoncer et filer aussi

vite qu'autrefois. Mais, — il y a toujours un mais, —
je veux absolument dire que je suis plein de gratitude pour les frimas de Montdidier, qui savent trem-
per des cuirasses solides.

« Messieurs et chers camarades, jadis, à midi
moins cinq minutes, quand le P. Aybram, son carnet et son crayon carré à la main, entrait dans l'é-
tude pour la distribution des punitions, vous enten-
diez quelquefois nommer VILLERET... et je file pour
ma Tartarie en criant : Vivent les frimas de Montdidier ! »

Voici un autre joyeux souvenir du collège :

« L'un de nos camarades, Léon Poupart, qui avait
le monopole des farces, avait attrapé une souris.
Il eut la riche idée de l'enfermer dans une boîte de
fer-blanc ronde et de la porter en classe, au milieu
de ses livres. Peu à peu, Poupart enleva ceux-ci et
bientôt, sur la partie supérieure et plane de la table,
il ne restait plus que la boîte et une large bande de
papier blanc que la souris rongeait, grâce à un petit
trou pratiqué dans le couvercle de la boîte. La souris ne pouvait rester calme dans cette boîte ronde,
et la boîte ne cessait de s'agiter. Nous remarquâmes
la chose et les rires commencèrent.

«M. Rolley, qui était alors presbyte, voyait la bande

de papier remuer, mais ne pouvait pas deviner le motif de nos rires. Le bon Père s'agitait dans la chaire, écarquillait les yeux, relevait ses lunettes. Enfin, il n'y tint plus, et commença à tonner contre Poupart.

« Celui-ci, les bras croisés sur la poitrine et adossé à la table suivante, était imperturbable. Il protesta qu'il ne comprenait pas pourquoi M. Rolley criait contre lui. M. Rolley lui ordonna de se mettre à genoux, et Poupart obéit immédiatement.

« Mais la boîte et la bande de papier continuaient leurs évolutions, et nous tous, debout, nous nous tordions de rire. Un malin s'écria : « C'est le diable dans une boîte ! » M. Rolley ne se posséda plus. Il ouvrit la porte de la chaire et se précipita, hors de lui, haletant, sur la boîte qu'il confisqua avec la bande de papier. Vous faire comprendre ce que nous avons ri, c'est impossible ! A la récréation suivante, tout le collège se divertit de l'aventure. Quant à M. Rolley, il oublia toujours de nous donner des nouvelles de la souris. Poupart lui-même n'en entendit plus parler. »

On le voit, l'élève de Montdidier, au milieu de ses labeurs missionnaires, garda inaltérable la reconnaissante tendresse qu'il avait vouée au collège. Il faut dire qu'en retour il jouissait de l'affection de ses maîtres et de ses condisciples. Qui donc eût pu tenir rigueur de sa vivacité à cet enfant dévoué, plein de gratitude, foncièrement pieux ?

Sans avoir de succès retentissants, il faisait de bonnes études. Cependant, il était arrivé à cette époque où tout jeune homme, en voyant s'ouvrir plusieurs voies devant lui, se demande :

« Quelle est la mienne ? »

Question sérieuse, solution plus importante encore, puisqu'il s'agit de discerner la volonté de Dieu, son appel, en un mot, la vocation. Hélas ! trop souvent, on se lance dans une voie ou dans une autre, uniquement par caprice, sans même y songer. Pour notre collégien, il n'en fut pas ainsi. Il chercha à connaître les desseins du ciel. D'ailleurs, les circonstances se faisaient douloureuses et il put à loisir sonder et mûrir ses aspirations.

L'année 1870 était venue avec ses jours néfastes et ses nuits de deuil. Les collèges étaient fermés. Trop jeune pour prendre place parmi ces vaillants qui disputaient pas à pas aux envahisseurs le sol de la patrie, Georges Villeret dut rester auprès de sa famille. Mais on le vit bientôt, au lieu de se livrer à ces épanchements joyeux qui lui étaient habituels, tomber dans de profondes rêveries. Quand, quelques mois plus tard, il put reprendre ses études et faire sa philosophie, cet état moral s'accentua. Que se passait-il donc dans son âme ? DIEU *seul* peut-être le sut ; car Georges, si gai, « si blagueur » même, comme il l'écrira plus tard, était fort concentré, lorsqu'il s'agissait de son intérieur.

Vingt ans plus tard, sur la terre chinoise, un jour où le souvenir de sa vocation religieuse le plongeait dans une profonde reconnaissance, il s'épancha un peu dans le cœur de celle qui fut toujours pour lui sa « petite Marie. »

« En seconde et en rhétorique, dit-il, je me confessais à M. Rolley. Quand je fus philosophe, je voulus me confesser à M. Andrieux, parce qu'il avait la réputation d'éclairer les vocations, et, qu'en philosophie, on pense à son avenir. Le mien se décida dans un confessionnal portatif, en toile verte, près du maître-autel de la chapelle, du côté de l'Évangile, et, plus tard, dans la chambre de M. Andrieux qui, alors, habitait au bout du dortoir qui est au-dessus du réfectoire avec une vue sur la cour. On n'oublie pas ces graves choses-là ! »

Cette *grave chose-là* décidée, Georges n'était point d'une nature à tergiverser : des lettres pressantes par-

tirent donc du collège de Montdidier, suppliant
M. et Mme Villeret de le laisser suivre l'appel divin.
La réponse ne se fit point attendre ; elle ne fut pas
telle qu'il l'eût souhaitée : il était rappelé dans sa
famille, avant même la fin de l'année scolaire, de
crainte que le collège ne l'influençât !

On s'étonnera peut-être que des parents aussi profondément chrétiens que M. et Mme Villeret se
soient opposés au désir de leur fils. Mais qui ne le
sait ?

La tendresse paternelle égare souvent les meilleurs cœurs, et si, à la rigueur, le père et la mère de
Georges eussent consenti à le voir prêtre, ils ne pouvaient se résigner à en faire un Religieux, un moine,
un « va-nu-pieds. » Prêtre, ils avaient encore l'espérance de vivre auprès de lui, de jouir de sa présence ; Religieux, ils devaient lui dire un éternel
adieu et accepter qu'il se détachât d'eux à jamais.
Cette opposition fut pour Georges le commencement
de bien des épreuves ; aussi les vacances le laissèrent-
elles dans une morne tristesse. Ses parents, trem-
blant que leur refus ne nuisît à sa santé, lui offrirent
de le laisser entrer au grand séminaire d'Amiens. Il
accepta ; c'était déjà la vie sacerdotale, l'étude sacrée,
un acheminement vers ce radieux idéal de sacrifice

et de pauvreté qui flottait dans son âme, vague lumière de la divine volonté.

Ce fut avec une grande émotion que le jeune clerc, peu après, se présenta dans le chœur de la basilique pour recevoir la première tonsure.

« Pourquoi, lui demanda malicieusement sa sœur au sortir de la cérémonie, pourquoi as-tu tant pleuré! Les autres ne t'imitaient pas !

— Petite sœur, répondit notre lévite transformé, c'était si touchant ! »

Mais déjà l'holocauste sacerdotal ne suffisait plus aux désirs du séminariste. Sur la France pesait encore, en partie, l'occupation prussienne. Georges comprit-il la puissance du sacrifice ? S'offrit-il en victime expiatrice, y eut il un pacte secret entre DIEU et son âme ? Nous n'oserions le dire, mais voici ce qui arriva.

Après une année de grand séminaire, il était venu passer ses vacances chez ses parents, se montrant toujours aussi concentré. Un mercredi, après le dîner, il prit machinalement le journal et y jeta les yeux. Son regard tomba sur un article intitulé : « Le départ des derniers Prussiens restés en France. » Ces quelques mots le jetèrent dans une émotion intense.

« Ils sont partis ! Ils sont partis ! répéta-t-il, et,

Mgr BERNARDIN DAL VAGO,
archevêque titulaire de Sardica, ancien Ministre Général,
décédé à Quaracchi, près Florence, le 7 mai 1895.

tout à coup, comme par une résolution soudaine, il ajouta :

« Moi aussi, je partirai !

— Où iras-tu ? » lui demanda sa mère.

Georges répondit avec fermeté :

« J'irai faire une retraite. Je l'ai déjà demandé ; on ne m'a pas répondu ; mais je partirai. »

Un pressentiment maternel fit-il entrevoir à Mme Villeret qu'en ces jours l'avenir de son fils allait se décider ? Devant l'air sérieux et résolu de Georges, comprit-elle que le désir de la vie religieuse n'avait point été effacé de son esprit par les deux années du grand séminaire ? Peut-être ; car elle insista :

« Ce n'est pas, en général, pendant les vacances que se donnent les retraites ; vous avez toute l'année pour cela. »

Georges ne répliqua pas. Il venait d'entendre la voix de Dieu : « Sors de la maison de ton père ! » Aussi fidèle dans son obéissance que l'antique patriarche, il se leva, monta dans sa chambre, prit son chapeau, sa pèlerine, son parapluie, laissa sur sa table de travail sa chère *Imitation*, ouverte au chapitre : *Du chemin royal de la sainte croix*, et, par une pluie battante, prit la route d'Amiens.

Cette promptitude à répondre à l'appel divin

ne rappelle-t-il pas cet autre départ héroïque du P. Epalle, de la Congrégation des Maristes de Lyon, départ qui valut à l'Église un apôtre et un martyr de plus ? Il avait été désigné pour se rendre dans les nouvelles missions de l'Océanie ; mais avant de partir, il alla faire ses adieux à sa famille. La veille de la séparation, il était encore au lit, lorsque son vieux père, tout en pleurs, entre dans sa chambre et lui représente son grand âge et sa douleur. Le P. Epalle lui demande alors la permission de s'habiller, afin de pouvoir l'entendre et lui répondre convenablement. Le vieillard se retire un instant ; le Père ouvre la fenêtre, saute dans le jardin, gagne la ville voisine, s'embarque pour l'Océanie, en devient vicaire apostolique, et meurt premier martyr de ces contrées.

Chose étrange ! Ce fait, qui nous revint à la mémoire, semble avoir également frappé le P. Hugolin ; car nous le retrouvons dans son cahier de notes, classées par ordre alphabétique, sous cette dénomination : *Vocation*.

Si nous revenons à la famille Villeret, au soir de ce mercredi où Georges est parti sans donner d'explications, nous trouverons l'inquiétude étreignant tous les cœurs. L'après-midi s'est écoulé sans que nul ait revu le séminariste. A-t-il donc fui sans retour la demeure paternelle ? Ne s'assiéra-t-il plus jamais à la table de famille ? Avec quels yeux pleins de tristesse, le père et la mère regardent la place favorite du cher absent ! Et quelle peine pour la petite sœur qui, connaissant les projets de Georges, souffre à la fois des angoisses des parents et de celles de ce frère si tendrement chéri !

Enfin, M. Villeret n'y tient plus. Sans s'inquiéter de la pluie torrentielle qui assombrit moins la nature que le départ de son fils son propre cœur, il s'élance à son tour sur cette route d'Amiens que Georges a foulée quelques heures plus tôt. Des cantonniers se trouvent sur le chemin ; ils connaissent le séminariste :

L'avez-vous vu passer ? » demande le père d'une voix émue.

Une réponse affirmative le renseigne :

« L'abbé Villeret marchait très vite du côté d'Amiens. »

Ces quelques mots suffisent au père pour lui faire redoubler la vitesse de sa course. A Beauval, cependant, il se voit arrêté. Le curé, un de ses vieux amis, le rassure en lui disant :

« Georges ne vous a pas quittés d'une manière définitive, mais seulement pour quelques jours ; il est certainement allé demander l'hospitalité aux Frères Mineurs d'Amiens, et faire une retraite dans leur couvent. »

M. Villeret se laisse persuader et retourne chez lui calmer à son tour les inquiétudes de sa femme.

Le bon curé avait deviné juste ; Georges était bien chez les Franciscains, demandant à Dieu de lui dévoiler entièrement ses desseins.

M. et Mme Villeret n'eurent pas la patience d'attendre la fin de retraite ; dès le lundi suivant, ils frappaient à la porte du couvent, demandant le séminariste. Il leur fut répondu que le temps du recueillement s'achèverait dans trois jours. Ce furent trois jours d'angoisses.

Pourtant, l'heure du sacrifice n'avait pas encore sonné. Docile, malgré ses fougues, le jeune abbé donna une dernière preuve de soumission à ses parents, en revenant finir près d'eux les vacances commencées. Il rentra même avec ses condisciples au grand séminaire et y resta quelques mois. Mais l'appel divin ne lui laissait plus de doutes, et, dans l'épanchement de son cœur avec sa jeune sœur, il lui disait :

« Je ne resterai pas ici ; ce n'est pas ici que je dois être ! »

Il chargea le doyen de Doullens d'annoncer à sa famille sa résolution et, dès la fin d'avril 1874, il alla se présenter au noviciat de Branday, diocèse de Bordeaux. Alors, son sacrifice filial s'accomplit dans toute son intensité douloureuse ; il connut ce qu'il devait définir « la douleur de la prière et la prière de la douleur. »

Plus tard, lorsque le temps, ce grand médecin, eut cicatrisé la profonde blessure de la séparation, M. Villeret père voulut se rapprocher de ce fils, chéri malgré tout, et se fit recevoir dans le Tiers-Ordre de saint FRANÇOIS.

CHAPITRE II

MYSTÈRES DU CLOITRE

N pieux écrivain a dit : « Tant que l'on n'aura pas tari dans les cœurs les saintes espérances, glacé l'enthousiasme et tué la foi, tant que l'on n'aura pas dérobé aux imaginations les perspectives idéales de l'amour et de la pauvreté, tant que l'être humain souffrira, pleurera, le Séraphique François aura des disciples malgré les milieux, malgré l'éducation, malgré les efforts des hommes (1). » Voilà pourquoi, en dépit de sa souffrance intime, le 3 mai 1874, Georges Villeret revêtait la bure séraphique et le nom de Fr. Hugolin lui était imposé.

(1) M. Sodar de Vaulx, *Les splendeurs de la Terre-Sainte.*

Fr. Hugolin n'était pas un de ces débutants enthousiastes qui voient les souffrances de la vie religieuse à travers un prisme enchanteur, mais dont les feux, hélas ! s'éteignent bientôt pour faire place à la lâcheté, au découragement. La conviction certaine de la divine volonté l'avait seule conduit chez les Frères Mineurs, et c'est avec la pensée de l'accomplir qu'il commença son noviciat.

Dès le début, en vrai fils de saint François, Frère Hugolin s'éprit pour la *Dame* de son Père Séraphique d'un amour qui ne devait plus s'éteindre et, plus tard, lors de sa mort, le Vicaire Général du Chan-si, Mgr Fogolla, pourra écrire ces paroles : « Le Père Hugolin, connaissant l'esprit de notre Règle, aimait de toutes les énergies de son âme, de toutes les puissances de son cœur, à l'excès et, pour ainsi parler, jusqu'à la folie, la très sainte et très haute pauvreté des Frères Mineurs (1). »

Par un effort de sa volonté, le novice plia de même sa nature ardente aux moindres observances de la Règle et ses Supérieurs purent vanter son obéissance, ainsi que son ordre et sa précision (2).

---

(1) *Lettre de Mgr Fogolla,* 27 août 1897.

(2) *Lettre du P. Chrysostôme,* Provincial, *et de Mgr Fogolla,* 27 août 1897.

L'ordre est une précieuse qualité qui aide, plus qu'on ne le pense, aux progrès dans la perfection. On la retrouve, cette qualité, jusque dans les lettres et les notes du P. Hugolin. Tout y est en place, soigné, étiqueté, sans jamais laisser voir l'effort et ses écrits sont empreints d'un vernis d'*humour* qui rend leur lecture attrayante.

La bure séraphique lui avait, d'ailleurs, rendu sa gaieté du collège. Il était le boute-en-train des récréations, déridant l'un, rassérénant l'autre, faisant même éclore le sourire sur les lèvres de ses plus graves Supérieurs.

« La bonne humeur, dit le P. Faber, est un pouvoir. » Heureux pouvoir, qui transforme en or la poussière du chemin ou, tout au moins, la rend supportable. Le Missionnaire, en Chine surtout, en a besoin. Que de tribulations dans la vie apostolique !

Le P. Hugolin, en particulier, rencontra plus tard ces mille blessures qui finissent, à la longue, par décourager la pauvre nature humaine et, s'il sut les accepter de si bon cœur, c'est qu'il y avait été préparé par les débuts de sa vie franciscaine ; c'est qu'au noviciat il avait fait une étude sérieuse, un apprentissage réel des vertus religieuses et apostoliques. Nous avons d'ailleurs les témoignages formels de ceux qui furent ses compagnons. « Je n'ai passé avec lui que quelques mois de noviciat, disait l'un d'eux (1) ; mais je l'ai toujours trouvé très jovial et très édifiant! Je me rappelle pourtant qu'il fut gourmandé, une fois, pour avoir appelé « galopin » le Fr. A... »

« Au grand séminaire, dit un autre (2), nous ne nous sommes connus qu'un an et, comme nous n'étions pas du même cours, nous n'avions guère de rapports ensemble. Il en fut différemment au noviciat où il fut mon bon ange. Il était très régulier et très édifiant, malgré les saillies naturelles de son caractère. »

On le voit, les témoignages sont nets. Aussi le 6 mai 1875, il avait le bonheur de se lier à DIEU par les trois vœux de pauvreté, de chasteté et d'obéissance.

Retracer avec quelle ardeur de volonté le jeune Père les émit, est chose superflue ; n'avait-il pas tout brisé pour en arriver là ? Ah ! il pouvait dire en toute vérité : « Notre Père qui êtes aux cieux, vous êtes mon partage pour l'éternité..... *Dominus pars hæreditatis meæ.* »

(1) *Lettre du P. Roch,* 15 avril 1897.
(2) *Lettre du P. Joseph,* qui fut plus tard Directeur du Collège séraphique, avril 1897.

En quittant le *pigeonnier* (nom familier et charmant que les novices d'alors donnaient à leur cher noviciat de Branday) le P. Hugolin fut envoyé au couvent de Bordeaux où il devait achever ses études, avant de recevoir la consécration sacerdotale. Le collège séraphique était fondé depuis peu (1); il put donc suivre les développements de cette œuvre à laquelle il fut appelé à prendre part, en 1876, en qualité de professeur.

C'est dans ce milieu de paix et d'innocence que le P. Hugolin vit se lever l'aurore du 26 mai 1877, jour inoubliable pour son cœur. A cette date, se réalisa enfin le rêve de sa vie ; prosterné sous les mains de Mgr de la Bouillerie, il se releva prêtre pour l'éternité.

Quelle ne dut pas être son émotion, lui qui avait laissé couler des larmes si abondantes en recevant la première tonsure ! Ses résolutions d'être tout à Dieu

---

(1) L'idée première des collèges séraphiques remonte bien loin dans l'histoire. Au moyen âge, un certain nombre d'enfants étaient élevés gratuitement dans les couvents franciscains... Si leur vocation monastique se décidait, ils restaient dans le cloître, sinon, ils rentraient dans le monde. L'usage était de désigner les pupilles des monastères de saint François sous le nom de « petits enfants des moines mendiants. » (Siméon Luce, *Jeanne d'Arc à Domrémy.*)

durent être bien ferventes, si l'on en juge par ce qu'il écrivait de Chine au T. R. P. Raphaël d'Aurillac, le 26 mai 1887 :

« Aujourd'hui c'est un grand jour : il y a dix ans que le P. Hugolin s'est relevé prêtre. C'est vous qui l'aviez voulu, et après dix ans, me voilà missionnaire ambulant dans les montagnes, au fond de la Chine, tout près de la Tartarie. Comme c'est mystérieux l'avenir ! Qui eût rêvé cela, il y a dix ans ?

« Ce matin, à la messe, j'ai prié pour obtenir la grâce d'accomplir mes obligations. A la vérité, depuis dix ans, *vous n'avez pas eu à regretter* bien grandement mon ordination ; mais ce n'est pas fini ; je ne suis pas encore *arrivé*, selon le mot de saint Paul. Je suis dans les montagnes ; dans les montagnes, on glisse et on tombe facilement. Je compte, cher Père, que vos paternelles prières me soutiendront. »

Le 12 mai 1878, le P. Hugolin resserra encore les liens qui l'unissaient à Dieu par l'émission de ses vœux solennels ; et, l'année suivante, il était nommé Vicaire du couvent de Bordeaux. Écoutons un Séraphique nous dire et la bonté du professeur et son émotion en quittant ses chers élèves.

« Lorsque j'arrivai, tout petit, à l'âge de douze ans, à la gare de Bordeaux, à minuit, le P. Hugolin m'accueillit et, depuis ce moment, il se chargea de mon éducation, y compris les premières notions de français ; (car, étant basque, je n'en savais pas un mot).

« La seconde année, le P. Hugolin se trouva chargé du second cours ; il m'y fit monter avec lui et, dès lors, je ne le quittai plus jusqu'en rhétorique inclusivement. Dire son dévouement est impossible.

« La dernière allocution qu'il adressa aux élèves qui partaient pour le noviciat, le laissant lui Vicaire de Bordeaux, 6 août 1879, est restée ineffaçable dans mon souvenir. Il nous félicita de notre bonheur, sollicita nos prières, et se mit à nous demander pardon de tout ce qu'il avait pu nous dire de blessant, des prétendus mauvais exemples qu'il nous avait donnés ; enfin il se mit à pleurer si fort que nous ne pûmes plus en obtenir un mot. Il fut obligé de nous quitter sans même nous embrasser et nous laissa abasourdis, n'en croyant point nos yeux ; car si le cher Père avait été le modèle des professeurs, il avait toujours été aussi le modèle des Religieux. »

Le 3 novembre 1880, en exécution des décrets du 29 mars précédent, les Frères Mineurs de Bordeaux étaient expulsés de leur couvent par la police. Il ne saurait entrer dans notre plan de raconter ici

en détail ces scènes de violence. Nous nous con-
tenterons d'extraire du procès-verbal qui en a été
publié (1) la page qui concerne le R. P. Hugolin :

« En qualité de Vicaire, il occupait la cellule
numéro 9. Cinq témoins s'y trouvaient avec lui,
prêts à faire respecter ses droits de citoyen français.
C'étaient MM. l'abbé Videau, vicaire de la paroisse
Sainte-Eulalie, Lachappelle, Dutillac, Comolet et
Dufour.

« Avant de frapper, un membre du cortège des
crocheteurs, qui sans doute aspire à s'élever dans le
gouvernement, saute à l'imposte et retombe lourde-
ment en disant aux commissaires :

« Ici, il y a du monde. »

« On frappe.

« Je suis le commissaire de police. Ouvrez. »

« Le P. Hugolin : — Je ne vous connais pas et
« je n'ai jamais fait de mal à personne.

« — Ouvrez. Je viens faire exécuter le décret qui
« prononce la dissolution de la Congrégation non
« autorisée des Franciscains et exécuter un arrêté
« d'expulsion de M. le Préfet de la Gironde. Ouvrez.

« — Je vous ai déjà dit que je ne vous connais pas.

(1) *Les Franciscains et l'exécution des décrets du
29 mars 1880*. Paris, Tolra, éd. 1881, p. 52.

« — Si vous n'ouvrez pas, vous m'obligerez à faire
« enfoncer votre porte. Dites, voulez-vous ouvrir ? »

« Le Père ne daigne plus répondre.

« Allez ! dit le commissaire au serrurier.

« La porte, solidement barricadée, résiste ; on l'attaque par le milieu, et le panneau supérieur est battu
en brèche. Coups sinistres, qui se répercutaient
dans le cœur comme un écho de 93. Bientôt le serrurier passe sa main par la brèche et examine la
serrure. Alors, il fait entrevoir sa triste figure et
prononce ces paroles étonnantes :

« Voulez-vous donner votre clef ? »

« Le P. Hugolin ne répond rien.

« Nouvelle demande du serrurier :

« Voulez-vous donner votre clef ? »

« Nouveau silence.

« Un coup de pince agrandit l'ouverture.

« Voulez-vous donner votre clef, oui ou non ? »

« Même silence.

« Tout le panneau supérieur est alors démoli ; le
serrurier furieux passe la pince ; d'un seul coup, il
arrache la serrure qu'il n'a pas crochetée, renverse
un volet qui était arc-bouté contre la porte, l'ouvre,
écarte lui-même les morceaux de bois, et fait place
pour le passage de MM. les intrus...

« Victoire ! force était restée à l'illégalité !

« Celui des commissaires qui commandait en chef
l'expédition se découvre et dit d'une voix douce-
reuse :

« Je suis le commissaire de police... Messieurs, que
« faites-vous ici ? »

« Le P. Hugolin lui répond :

« Ces Messieurs sont mes amis. Je les ai invités
« à passer la soirée avec moi. »

« Messieurs les laïques (sic), veuillez sortir. »

« M. l'abbé Videau prend alors la parole :

« Monsieur, nous protestons au nom de la liberté,
« de l'honneur et de la religion. Nous ne sortirons
« que si ce bon Père nous prie de le faire.

« — Faites sortir ces Messieurs, dit le commissaire. »

« Et des sergents de ville poussent dehors les
témoins.

« Le commissaire en chef se découvre de nouveau, et recommence son refrain :

« Je suis... je viens... »

« Un greffier s'approche alors du P. Hugolin.

« Monsieur, quel est votre nom ?

— J'ai affiché ma carte d'électeur sur ma porte, à
« l'extérieur ; vous l'avez vue ; si en enfonçant cette

« porte, vous avez déchiré cette pièce significative,
« tant pis pour vous. »

« Après avoir parlementé, il fallut cependant
décliner nom, prénom, nom de religion, âge et lieu
de naissance.

« Avez-vous quelque chose à emporter ? demande
le chef.

« — Oui, ce petit sac.

« — Prenez-le, et partez.

« — Non.

« — Vous ne voulez pas partir ?

« — Non ; je ne céderai qu'à la violence. »

« A ces mots, le greffier pose délicatement sa main
sur l'épaule du Religieux. Celui-ci reste assis. Le
greffier le regarde avec étonnement et demande :

« Ça ne suffit pas ?

« — Non, non, non, certes, réplique vivement le
« Père Vicaire ; je ne partirai que par la force.

« — Brigadier, commande le commissaire, emme-
« nez Monsieur. »

« Le Religieux, saisi par le bras, se lève. Avant de
franchir le seuil de sa cellule, il se retourne et dit :

« Messieurs, en 1870, j'ai vu les Prussiens, je les
« ai vus de bien près ; et ils ne m'ont pas traité
« comme vous le faites ! »

Le R. P. Roch d'Airaines,
missionnaire franciscain en Chine,
parti avec le P. Hugolin et le P. Théodoric Balat.

« A la porte de la cellule, le brigadier ne poussant plus le Religieux, celui-ci s'arrête.

« Avancez, lui dit un commissaire.

« — Non, je n'avancerai que par la force. »

« Le brigadier le conduit jusque dans la rue.

« En descendant l'escalier, le Religieux dit à l'agent :

« Vous êtes marié, mon pauvre ami ?

« — Oui, Monsieur.

« — Vous avez des enfants ?

« — Oui, Monsieur.

« — Eh bien, vous faites une triste besogne, et je « vous plains.

— Je le comprends, » répondit le brigadier qui tremblait.

« Aux cris de *Vive la liberté ! Vivent les Pères !* Vive le P. Hugolin ! le Religieux est reçu par ses témoins et de nombreux amis.

Quelques mois plus tard, non sans des difficultés et des péripéties diverses, les Pères rentraient, peu à peu, au couvent et y reprenaient leur vie habituelle.

Cependant un fait, bien simple en apparence, allait décider de l'avenir du P. Hugolin, en lui révélant avec une clarté nouvelle la voie, de plus en plus ardue et sublime, où Dieu le voulait. Au cours de 1883, Mgr Cosi, Frère Mineur italien, vicaire apostolique en Chine, s'arrêtait et séjournait quelque temps, pour raisons de santé, au couvent de Bordeaux. Les longues conversations qu'il eut avec le P. Hugolin firent sur ce dernier une profonde impression. Dès lors, il fut, plus que jamais, violemment poursuivi par la pensée des âmes qui se perdaient, dans les régions infidèles, faute de Missionnaires pour leur montrer le chemin du ciel. Ce qui s'était passé en lui à l'époque de sa vocation se renouvela d'une façon plus décisive : il *vit* la volonté de Dieu, il *voulut* l'accomplir, sans rien de cet enthousiasme, redisons-le, qui aplanit, il est vrai, bien des sacrifices, mais peut aussi ne pas durer. Il se montrait en cela, comme en toutes choses, selon l'expression d'un de ses Frères, « l'homme du devoir. » Pendant plusieurs mois, il pria, réfléchit, prit conseil. Enfin, le 12 août 1883, il adressa la lettre suivante au T. R. P. Raphaël, son ancien Provincial, qu'il aimait comme un Père :

Bordeaux, 12 août 1883.

Mon Très Révérend Père,

« Je vais bientôt écrire au Révérendissime Père Général. Ce sera pour lui annoncer : 1° Que je me

mets à sa disposition pour aller aux missions étrangères, aux *vraies* missions de l'Ordre;

« 2° Que, si sa Paternité agrée mes services, je
serais fort content d'aller en Chine, au Chan-tong,
dans le vicariat de Mgr Cosi, de préférence à d'autres vicariats, parce que j'ai été embaumé, à Bordeaux, par la piété de ce saint prélat et que j'ai
entendu dire sa sainte désolation.

« Vous êtes sans doute étonné, mon Très Révérend Père, de cette déclaration de votre Hugolin. Je
comprends que vous le soyez. Pour vous éclairer,
je vous dirai que cette idée me poursuit depuis plus
de deux ans. Après différentes étapes, j'ai reçu le
dernier coup de grâce dans la retraite annuelle que
je viens de faire à Pau avec le R. P. Pierre-Baptiste.
Ce bon Père, en passant à Bordeaux, s'est entendu
avec le R. P. Chrysostôme, mon voyant ordinaire (1), et c'est d'après leur décision que je vais
faire la démarche en question.

« Seuls au monde, ces deux Pères savaient mes
dispositions. Vous aussi les connaissez maintenant;
je me sens très heureux de vous les avoir manifes-
tées. Veuillez voir en cela toute la confiance que

(1) Son confesseur.

j'ai en vous. Elle existe depuis longtemps et vous ne deviez pas vous en douter, vu que mon grotesque personnage est un *blagueur*, pour ce qui regarde la lune et le soleil, la pluie et le beau temps ; mais il est peu causeur dans les choses sentimentales ; même il l'a été trop peu.

« J'avais pensé joindre à cette lettre la déclaration officielle, en disant au Révérendissime Père que vous pourriez le renseigner sur mes antécédents. Mais une difficulté de procédure administrative m'a arrêté. Faut-il m'adresser directement au Révérendissime qui, je le sais, renverra ma lettre à mon Ministre Provincial, ou bien l'adresser au T. R. P. André (1) qui la transmettra au Révérendissime avec ses observations ?

« Je serai très content, Très Révérend Père, si cette ouverture réjouit votre cœur de père.

« En attendant que la décision de mes Supérieurs y donne suite, s'il plaît à Dieu, je me recommande à vos prières, à celles des bonnes âmes que vous connaissez, et je vous prie de me croire, Très Révérend Père, de votre Révérende Paternité le fils très confiant et très respectueux.

« Fr. Hugolin. »

(1) T. R. P. André d'Hurbache, alors Provincial.

La fin de cette lettre nous montre bien l'unique préoccupation de ce vrai fils de saint François : faire la volonté de Dieu. Quelques mois s'écoulèrent encore pendant lesquels le Père continua ses fonctions à Bordeaux.

Cependant, les choses avaient suivi leur cours, et le 2 juillet 1884, le P. Hugolin écrivit de nouveau au T. R. P. Raphaël :

« Très Révérend Père, c'est fait ; et plaise à Dieu que ce soit pour le ciel ! Je le désire et le pense. Vous trouverez sous ce pli une copie de la lettre au Révérendissime Père Général, lettre que le même courrier emportera pour le T. R. P. André, Ministre Provincial... Je suis bien content et bien calme, plus calme que jamais, et je me persuade volontiers que je dois et puis avoir grande confiance en Dieu, en Marie et dans les saints.

« Je crois savoir qu'un convoi de Religieux de notre Province est en partance pour la Chine et je m'en réjouis. Je pense que le T. R. P. André me joindra à eux ; mais je voudrais vous parler d'autre chose.

« Tous ces Religieux ont leur langue française brisée par l'étude d'une langue vivante, une, au moins. Seul, votre serviteur est un Français obstiné.

D'autre part, dans n'importe quel vicariat que nous allions, la langue de transition sera l'italien. Ne serait-il pas utile que votre Hugolin prenne, dès sa disponibilité, le chemin de l'Italie et en étudie la langue, en attendant les autres ? Il pourrait d'abord faire sa retraite et rester quelque part ; peut-être rendre quelques petits services. Le R. P. Chrysostôme me dit de vous parler de Notre-Dame des Anges à Assise. Veuillez remarquer que je ne demande pas un séjour en Italie ; je vous en parle seulement avec exposition de raisons, pour le cas où vous le jugeriez utile.

« Si des objections s'élevaient contre mon départ immédiat, et j'en prévois, je vous serais reconnaissant de m'en informer pour que je vous mette au courant de la situation. Je ne veux point le faire par anticipation... A bientôt donc, Très Révérend Père, le plaisir de vous voir et de vous remercier à moins que le choléra... C'est décidément et officiellement le choléra asiatique.

« Croyez-moi de votre Paternité le très confiant et très respectueux,

« Fr. Hugolin. »

En partant pour la Chine, le P. Hugolin brisait son cœur et celui de ses élèves, les petits séraphiques. Par un effort de volonté, de cette volonté qui le caractérisait, il leur avait caché ses projets et, un beau matin des premiers jours d'août 1884, les enfants apprirent que, le soir même, le Père devait leur dire adieu. L'émotion fut vive et, lors de la cérémonie du départ, les pleurs interrompirent le chant d'adieu. Au dernier instant, l'un des plus petits vint remettre, tout ému, un léger paquet à celui qu'ils appelaient tous leur Père. Il portait cette inscription : *Les enfants du collège séraphique aux petits Chinois.* C'étaient les images et les médailles dont les séraphiques s'étaient dépouillés sur la proposition de l'un d'entre eux.

Le P. Hugolin avait donc déjà consommé son sacrifice avant d'en faire un second, celui de son père bien-aimé qui, nous l'avons dit, avait abjuré tout ressentiment. Dans un généreux élan, même, M. Villeret avait fait à DIEU l'offrande de ne plus revoir son fils ; mais le Seigneur ne voulut pas imposer cette immolation à sa vieillesse : le P. Hugolin arriva bientôt auprès de son vieux père et de sa petite Marie.

Quand il arriva à Doullens, il trouva ses cousins plongés dans la plus grande désolation : leur petite fille se mourait du choléra. Le P. Hugolin alla la

voir et dit aux parents : « Je vais vous donner ce
qu'il y a de meilleur, la bénédiction du prêtre ! »

R. P. ÉTIENNE-MARIE ROUGÉ, *Frère Mineur*,
Missionnaire en Chine,
mort au Chen-si le 6 septembre 1891.

Puis se mettant à genoux, il bénit l'enfant et pria.
Il n'avait pas encore quitté la ville que la petite
fille était sauvée.

Huit jours après, le P. Hugolin rejoignait à Lyon ceux qui devaient être ses compagnons de voyage et écrivait au T. R. P. Raphaël :

« Enfin, DIEU aidant, j'ai dit comme saint FRANÇOIS : Notre Père qui êtes aux cieux ! Les adieux se sont faits à Doullens et à Amiens.

« Nous voilà réunis quatre chez Mesdames Billard des Tournelles qui nous donnent une bienveillante hospitalité. Nous sommes arrivés hier soir : les PP. Roch et Théodoric du Midi, moi de Paris, le P. Étienne de Bourges. C'est demain soir, jeudi, que nous passerons le mont Cenis et nous ferons quarantaine à Bardonnèche où, dit-on, l'on est fort mal. Enfin, à la grâce de DIEU... Ne sommes-nous pas à lui en tout et pour tout ?

« L'obédience du P. Théodoric l'envoie à Rome à Saint-Isidore, la mienne m'envoie à Saint-Barthélemy ; celle du P. Étienne ne dit rien à ce sujet ; le P. Roch n'en a pas. Dans ces conditions, nous débarquerons à l'Aracœli et nous nous permettrons de vous demander, comme les soldats demandent leur fourrier (1). »

Au mois d'août 1884, le choléra sévissait en

______

(1) Lettre du 20 août 1884.

France ; nos quatre voyageurs durent donc s'arrêter à la frontière d'Italie et y faire une quarantaine de sept jours. Ce temps écoulé, ils continuèrent leur route par Turin, Florence, l'Alverne.

L'Alverne ! Le P. Hugolin eut le bonheur d'y passer la fête des Stigmates. Le soir de ce beau jour, il prenait la route de Rome où il devait subir un examen devant la Sacrée Congrégation de la Propagande, avant de recevoir son titre définitif de Missionnaire.

« Grâce à Dieu, écrivait-il le lendemain, tout s'est bien passé ; je vais recevoir mes pouvoirs de Missionnaire apostolique. Le titre me touche fort peu ; mais je suis heureux des grands privilèges qu'il confère, notamment de pouvoir dire la sainte messe partout, en mer, dans une chambre, en plein air... »

Le nouveau Missionnaire ne resta que trois semaines à Rome, mais ce temps lui permit de satisfaire sa dévotion et de retremper sa foi dans ces grands souvenirs du christianisme qui sont la gloire impérissable de la ville éternelle. De là, il fut envoyé à Assise.

Il n'était allé au berceau de l'Ordre franciscain que pour un temps relativement court ; cependant des hostilités venaient d'éclater entre la France et la

Chine ; pénétrer, pour l'instant, dans ce dernier pays était presque impossible à des Missionnaires européens. De longs mois d'attente devenaient nécessaires. C'était une rude épreuve pour le P. Hugolin ; il la supporta patiemment, vivant, comme il le dit lui-même, « en bon Religieux et apprenant la langue italienne » qui devait lui servir dans son vicariat.

Le 12 novembre, pourtant, il eut une lueur d'espoir. Le Rme Père Général les fit venir, lui et ses compagnons, les félicita de leur projet et leur confia ses dernières instructions.

« Ce cent troisième successeur de saint FRANÇOIS, écrivait le P. Hugolin à sa famille au sortir de cette entrevue, ce Père à qui plus de seize mille hommes obéissent dans les cinq parties du monde, est d'une bonté et d'une simplicité vraiment extraordinaires. Il nous a bénis comme un patriarche bénit ses enfants ! »

Plusieurs mois s'écoulèrent encore ; mais si les difficultés de la guerre reculaient forcément son départ, celui-ci n'était pourtant pas oublié et, au commencement de janvier 1885, le Rme Père Général lui envoya l'ordre d'aller attendre en Terre-Sainte la fin du conflit franco-chinois. Cette obédience lui arracha un cri de bonheur.

« La Terre-Sainte, mande-t-il à celle qui est toujours sa chère petite Marie, la Terre-Sainte, c'est si doux, si fortifiant pour un chrétien ! J'aurai le bonheur de passer le Carême et toutes les fêtes de Pâques là où elles se sont accomplies : à Jérusalem ! Je pourrai donc, tout à loisir, me préparer à suivre mon Maître, quoique de bien loin !... »

Ce fut le 13 février 1885 que le P. Hugolin salua Jérusalem, la Ville sainte. Si les lieux sanctifiés par la vie et la mort du Sauveur sont chers à tout chrétien, combien n'émeuvent-ils pas plus délicieusement le cœur des fils de saint FRANÇOIS qui, depuis tant de siècles, ont trempé de leurs sueurs et de leur sang ce sol déjà arrosé par les sueurs et le sang du divin Maître !

Le P. Hugolin y passa cinq mois.

Comme il l'avait annoncé, il célébra à Jérusalem le deuil du Carême et les joies de la Résurrection. Ses lettres, à cette époque, trahissent son émotion. Le Chemin de Croix solennel du Vendredi-Saint, fait sur la Voie douloureuse, et qu'il fut chargé de prêcher, paraît l'avoir profondément impressionné.

« C'était bien beau, écrivait-il quelques jours après à sa sœur, un peu fatigant ; mais je ne m'en plains pas ; car c'est un sermon qui compte dans la vie d'un prêtre, d'un Missionnaire ! »

Un auditeur, résumant ses impressions, nous a laissé ces détails :

« Au milieu de l'émotion générale, un Franciscain de la Province de France, le P. Hugolin, que son dévouement va porter vers le rivage inhospitalier de la Chine, fit une exhortation pathétique sur chacun des mystères de la croix et termina par ces paroles :

« Votre âme devient par la sainte communion le tombeau de Notre Seigneur. Elle aussi doit être un sépulcre neuf, c'est-à-dire sans souillure aucune, et taillé dans le roc, par votre fermeté dans le service de Dieu. Que la fuite des occasions, la défiance de vous-mêmes, la confiance en Dieu, soient la pierre qui ferme ce sépulcre, et votre âme, un jour, ressuscitera avec le Christ, et s'envolera glorieuse au ciel. C'est la grâce que vous souhaite un pauvre Missionnaire, que vous ne reverrez jamais plus ici-bas (1). »

A la nouvelle que le P. Hugolin était en Terre-Sainte, les Séraphiques de Bordeaux s'empressèrent de lui écrire ; lettre un peu intéressée, dira-t-on, car

(1) M. Sodar de Vaulx, *Les splendeurs de la Terre-Sainte.*

ils avaient reçu d'Assise de longs détails sur les sanctuaires franciscains et ils entendaient demander à leur *bourreau* (nom plaisant que prenait vis à vis d'eux le P. Hugolin) de leur envoyer des lettres de Palestine.

Le P. Hugolin leur répondit :

« Quelle avalanche ! Parce que vous avez entendu dire que la paix, signée entre la France et la Chine, allait nous permettre de marcher de l'avant, vos plumes se sont mises en mouvement, se sont trempées dans l'encre et ont barbouillé du papier. Certainement, chers amis, j'ai été touché des nobles sentiments que vous exprimez ; je vous en remercie cordialement ; je demande et demanderai au Seigneur de vous rendre au centuple ce que vous faites et ferez pour son serviteur.

« *Un pèlerinage en Terre-Sainte*, demandez-vous ? de grâce, n'en parlez plus ; c'est impossible pour vous. *Une promenade à Assise*, passe encore ; mais *un pèlerinage en Terre-Sainte*, vous n'y pensez pas, enfants ! D'abord, il faudrait par charité nourrir les poissons, et la chose ne se fait pas tout naturellement. Vos camarades anglais, gens expérimentés, vous diront qu'il ne suffit pas d'ouvrir une grande *biouche*, il faut encore beaucoup souffrir. Puis, pour trotter de sanctuaire en sanctuaire, de souvenir biblique en souvenir biblique, une paire de souliers neufs serait insuffisante. Comme le Père Directeur pleurerait, non pas de voir vos pieds rabotant les pierres, mais de pouvoir vous expliquer l'astronomie à travers vos ex-souliers !

« Sur le rocher du Calvaire, j'ai offert la sainte messe uniquement pour le Collège ; de même à *Saint-Jean dans les montagnes*, sur l'emplacement de la maison de saint Zacharie où est né saint Jean-Baptiste. Dans les nombreuses messes que j'ai dites dans la sainte grotte de Gethsémani, j'ai demandé à Dieu qu'il vous apprenne à prier. Comme on comprend dans cet endroit sacré la douleur de la prière et la prière de la douleur ! Comme un Religieux y palpe les souffrances, les mérites et les fruits de l'obéissance. »

Cependant, les douceurs et les consolations de la Terre-Sainte ne faisaient qu'augmenter chez le Missionnaire le désir de travailler, sur les plages lointaines, au salut de ces infidèles rachetés par le sang de Jésus-Christ ; mais le Seigneur semblait prendre plaisir à multiplier les retards ; écoutons-le dans sa correspondance au T. R. P. Raphaël :

Emmaüs, 16 mars 1885.

« Votre lettre du 28 février, mon Révérend Père, et celle du P. Roch, m'ont été remises, il y a huit jours, à notre résidence d'Emmaüs, où je me trouve avec le P. Théodoric. Je les ai lues, relues, pesées, discutées dans le calme du désert qui nous entoure, et, avant de rentrer à Jérusalem, je veux vous dire tout ce que j'en pense.

« Je ne veux pas revenir sur les idées que je vous ai toujours exposées à Rome et par écrit à propos de l'embarras que nous causerons, étant quatre, à Hong-Kong, à Shang-haï ou à Tché-fou, en cas de mouvements militaires dans ces dernières villes, non plus qu'à propos de la durée possible de la guerre. (Il y a, ces jours-ci, deux ans que le commandant Rivière a été tué.) Voyez : l'amiral Courbet ne remporte à Formose et sur mer que des succès très insignifiants pour l'acheminement de la paix, et cependant, cette paix, il faudrait bien l'imposer. Où ? quand ? comment ?...

« Eh bien, Très Révérend Père ; oui, nous avons un désir, c'est celui d'obéir, surtout dans des circonstances si graves. Puisque vous n'osez plus décider, voulez-vous donc que, nous, nous décidions quelque chose ? Non pas, certes. Nous obéirons, et vous nous

Le P. Théodoric Balat, O. F. M.
massacré en Chine, le 9 juillet 1900.

avez vus trop aux ordres du Père Général, transmis par vous, pour ne pas savoir que nous ne les discuterons pas. Mais ce qu'il nous faut et que je demande au Rme Père par cette lettre, c'est une *décision* catégorique, soit pour *partir en Chine*, soit pour *attendre* dans un pays quelconque *la signature de la paix*.

« Pensez donc, Révérend Père, que depuis plus de sept mois, nous vivons sans assurance de la semaine suivante. »

Jérusalem, 8 juin.

« Ayant reçu votre lettre de Marseille du 13 avril, notre embarquement devait avoir lieu à Port-Saïd, dès que nous aurions reçu avis que le consul de ce port nous donnerait la réquisition. Mais l'homme propose et Dieu dispose. Des difficultés sont survenues. Déjà, le 16 avril, j'avais eu le devoir de vous renseigner sur l'état de la santé du P. Théodoric. Il y a trois semaines environ, il tomba malade, pour la troisième fois, à Jérusalem. D'autre part, le P. Étienne a eu, ces derniers temps, plusieurs défaillances et il boit je ne sais quelle potion prescrite par le docteur français du consulat. Dans ces conditions, je suis très ennuyé, très perplexe. Je me demande si nous pouvons, sans grave imprudence, affronter en juillet et août les chaleurs tropicales. Vous pen-

4

sez bien que le pays que nous habitons, depuis bientôt quatre mois, et celui que nous devons traverser
sont autrement chauds et débilitants que celui de
Rome. »

Cependant l'attente ne devait plus être bien longue ; le P. Théodoric, malade, dut rester provisoi-
rement en Terre-Sainte, mais les trois autres Missionnaires purent s'embarquer le 11 juillet, à bord
du *Natal*, à destination de Shang-haï.

CHAPITRE III

L'AVENTURIER DU BON DIEU

Arrivée en Chine. — Métamorphose. — Un compagnon.
— Les « marsouins » français. — Baptême chinois. —
Par monts et par vaux. — Tombé du ciel à Taï-uien-
fou. — Un synode. — Pots et paniers. — Cortège triomphal.

C E fut le 14 août 1885 que le P. Hugolin put enfin arriver à Shang haï, d'où
il envoya, le même jour, à sa sœur et
à son père, la lettre suivante :

« Un Père Lazariste de la Procure et
l'un de ses Chinois sont venus nous prendre pour
faire notre entrée en Chine. Nous la fîmes solennelle, occupant chacun un petit *cabriolet* traîné par
un Chinois. Il est donc passé le temps où l'on entrait dans ce pays avec crainte et en cachette ! Pour
nous, nous allâmes directement à la chapelle de la
Procure, afin de remercier le Maître des éléments,
l'Inspirateur des vocations.

« M. Meugniot, le Procureur, nous reçut tous à

bras ouverts ; moi, je fus reçu comme se reçoivent deux vieux camarades de collège (de Montdidier !) qui ont à parler de quinze ans d'arriéré !!!

« Celui qui vous écrit ces lignes est un grand Chinois, vêtu de *trois* pièces. Je porte un *gigantesque* pantalon de toile blanche, démesurément large, une sorte de veste de même étoffe qui sert de chemise. Par-dessus le tout, une *immense* robe de soie grise me descend jusqu'aux talons. Aux pieds, j'ai des bas de toile et des pantoufles ; sur la tête, un béret de crin noir avec pompon rouge ; à mes cheveux (qui ont beaucoup poussé depuis un an) est attachée une belle tresse qui ferait bien rire Henri et Berthe (1) ; ma barbe est rasée, excepté la moustache et le tout du menton. Me voici donc *chinoisé.* »

Tché-fou, 19 août

« Ce n'est pas sans émotion que je me suis séparé de M. Meugniot, avec qui nous avions repassé tous les souvenirs de Montdidier, et après deux jours et deux nuits de très belle navigation, je suis arrivé à Tché-fou : là, commencent les vicariats franciscains et *tout* est chinois. J'ai dû demander mon chemin avec les quelques mots qu'on m'avait appris à

____

(1) Ses neveux

Shang-haï et je suis arrivé à notre résidence, où se trouve un Père français de notre Province (1).

« J'y ai trouvé aussi un Père du Chan-si (2) qui a dû venir prendre des bains de mer pour rétablir sa santé bien éprouvée ; il m'attendait pour repartir. Quelle bonne Providence ! Ce Père est au Chan-si depuis dix-huit ans. Il m'assure que, dans l'intérieur de l'empire, le calme n'a pas été menacé un instant, pendant la guerre, et que, depuis qu'il est en Chine, il a toujours pu faire son service en toute liberté et tranquillité. A Taï-iuen-fou, résidence de l'évêque du Chan-si, il y a un vice-roi qui n'est pas hostile ; le mandarin militaire est un fervent catholique, né des vieilles familles chrétiennes ; son frère est aussi mandarin. Nous avons encore plusieurs catholiques dans les différents tribunaux de la ville épiscopale et royale. Vous voyez, cher père et chère sœur, que vous ne devez pas avoir la moindre inquiétude pour moi. Déjà même, mon *grand passe-port*, que doit viser le ministre de l'empereur, a été demandé à l'ambassadeur français à Pékin.

(1) Le P. Césaire Shang, actuellement vicaire apostolique du Chang-tong oriental.

(2) Le P. François Fogolla, mort martyr lors des massacres de 1900.

« Mais parlons de Tché-fou.

« Tché-fou est un port, il jouit d'un climat frais et salubre ; six des cuirassés français qui viennent de faire la dernière guerre de Chine sont à l'ancre. Les officiers arrivent sans façon à la résidence, et j'ai causé avec l'amiral Lespès.

« On a débarqué les marins malades ou fatigués ; je vais les voir souvent en ami. Je leur conte de *grosses* histoires, et ils me disent leurs prouesses et les victoires qu'ils ont fait gagner à l'amiral Courbet. Le général en chef de cet espèce d'hôpital (1) est un vieux sergent qui compte vingt-quatre ans de service et a fait les campagnes du Mexique et de 1870. C'est mon grand ami, quoiqu'il dise *n'être pas Français*, mais *Breton*. Ces braves m'intéressent beaucoup. Un officier que je vois souvent, et qui m'a apporté les derniers journaux français reçus à l'escadre, est furieux de tout ce qu'on a écrit en France sur les Chinois. Ma conviction est que dans notre pays on ne connaît que le *fil au Chinois* et le bonhomme qui est peint dessus.

(1) Les Franciscaines Missionnaires de Marie ont maintenant un hôpital à Tché-fou et les marins français trouvent ainsi, sur la terre chinoise, les soins de compatriotes dévouées.

« Les Chinois, dit mon officier, se sont très bien battus et que feront-ils dans cinquante ans contre l'Europe ? Ce qui a été un avantage pour nous, c'est la différence de fusils et de manœuvres dans les régiments chinois ; mais maintenant, les officiers allemands qui les forment, vont profiter de la paix pour unifier l'armée du Céleste-Empire, et, à la prochaine *frottée*, ce sera chaud.

« Tous les Chinois portent le pantalon et la veste que je vous ai décrit être sur mon dos, mais en coutil. Les richards, les grands mandarins, les lettrés, mettent la grande robe de soie et la toque noire à pompon rouge. Nous les portons aussi. Je voudrais que vous les vissiez marcher tous ces Chinois. Comme ils sont lestes et dégourdis ! Les soldats me font penser à nos petits chasseurs à pied. Et voilà le peuple qu'on représente en France comme des mannequins et les soldats qu'on dit se mettre deux pour tirer un coup de fusil. Certes, ce n'est pas l'opinion des officiers de l'escadre ni des matelots de l'ambulance. Les journalistes et leurs correspondants feraient mieux de se taire que d'écrire de pareilles sottises.

« J'ai reçu le baptême chinois et l'on m'appelle *Hou-chen-fou*, c'est-à-dire : *fou*, le Père ; *chen*, spirituel ; *Hou*, c'est la première syllabe du mot Hugolin prononcé à la chinoise. Le P. Roch a été nommé, sans doute à cause de sa taille gigantesque, *Lui-chen-fou, le Père spirituel Tonnerre !* »

Tching-tin-fou, 20 septembre.

« Ma dernière lettre était écrite de Tché-fou, il y a à peu près un mois ; je me suis avancé dans l'intérieur de l'empire ; mais je ne suis pas encore arrivé à destination. Mon compagnon n'est pas tout à fait rétabli de sa maladie, et nous nous arrêtons, pour cela, assez longtemps chez les Missionnaires que nous trouvons sur la route.

« Nous nous sommes embarqués à Tché-fou, le 31 août, sur un excellent vapeur américain pour nous rendre à Tien-Tsin, la fameuse ville où la France a signé tous ses traités avec la Chine. En arrivant au port, j'ai subi une bien grande humiliation ! Figurez-vous que la mer se fâcha et me donna un très complet mal de mer, qui dura quatre ou cinq heures, c'est-à-dire jusqu'à ce que nous eussions jeté l'ancre. Quelle honte ! Je voyageais depuis quarante jours sur mer ; même pendant la tempête, je n'avais pas eu de malaise ; et le quarantième jour, en touchant le port, voilà la *purge ;* pas moyen de s'enorgueillir, mais c'est bizarre !

« Après avoir passé huit jours chez les Lazaristes, nous entrons dans l'intérieur du pays sur une petite barque chinoise conduite par cinq marins, tous païens, mais vraiment complaisants, surtout pour le Père qui parle leur langue. La nuit, on jette l'ancre et la barque reste au milieu de la rivière. Le Missionnaire se recommande à Dieu, s'étend sur ses couvertures et s'endort....., au clair de la lune..... J'aurais parfaitement dormi, si les moustiques m'avaient rendu moins de visites.

« En traversant les villages, nous achetions pour quelques sous des poulets tout cuits. Un vendredi, nous eûmes une magnifique carpe pour la somme énorme de *cinq sous*. Nos marins l'attachèrent par les ouïes à l'arrière du bateau, et elle nous suivit gracieusement jusqu'au moment de sauter dans la poêle.

« Il faut vous dire que le Père, mon très précieux compagnon, m'a acheté à Tien-Tsin l'équipement complet du Missionnaire : plusieurs couvertures de lit, cuiller, fourchette, couteau, tasses et théière. Ses dix-huit ans de Chine lui ont donné une expérience dont je profite. Le Chinois catholique qui accompagne toujours le Missionnaire est chargé de cette batterie de cuisine, des achats et de la préparation du dîner.....

« Après quatre jours et quatre nuits passés sur la rivière, puis trois jours en chariot, et deux nuits dans les auberges chinoises, nous arrivâmes à Tching-tin-fou, résidence de Mgr Sarthou, évêque lazariste. C'est de là que je vous écris. Demain nous partons pour Taï-uien-fou, mon lieu de destination. »

Taï-uien-fou, 1er octobre 1885.

« Cette fois-ci, je dois vous annoncer l'heureuse fin de tous mes voyages et pérégrinations à travers l'Europe, l'Afrique et l'Asie. Je suis arrivé, lundi 28 septembre, à 11 h. 1/2 du matin : treize mois et dix-huit jours depuis mon départ de Bordeaux.

« De Tien-Tsin à Taï-uien-fou, j'ai dû traverser la Chine tout entière dans sa largeur, en dix-sept jours, savoir : deux jours en bateau à vapeur, quatre en barque, trois en chariot (c'est le plus pénible) et huit en chaise à deux mulets. Je ne compte pas naturellement les différentes haltes que nous avons faites volontairement et involontairement.

« Comment as-tu fait ce voyage, demandez-vous ?

— Tout aussi bien que les autres, puisque j'étais toujours sous la main du même Dieu. Cependant, le matin et le soir, je souffrais un peu du froid ; mais quand nous eûmes passé les plus hautes crêtes, et fûmes arrivés dans la belle plaine de Taï-uien-

fou, ce malaise s'est évanoui, et je suis arrivé bien
frais.

« Quelle fête que notre entrée dans la résidence !
Lorsque les Chinois pénétrèrent dans la cour, domestiques et catéchistes accoururent, et vingt bras
nous enlevèrent du dos des mulets. Bientôt les Pères
et Mgr le Coadjuteur (1) vinrent nous souhaiter la
bienvenue. Et pendant le dîner qui suivit, que de
questions sur l'Ordre, l'Europe, la Terre-Sainte !

« Le Chan-si est la seule province de l'empire où
l'on cultive le raisin. Les vignes y sont l'objet d'un
soin spécial ; les grappes sont superbes et le vin en
est réellement bien bon. On ne fait la vendange
qu'après la Saint-François ; on enterre ensuite les
vignes, ou mieux on les couvre jusqu'à une grande
hauteur pour ne les découvrir qu'en avril. C'est que
le Chan-si est l'une des provinces les plus froides de
l'empire ; l'hiver, du moins, car l'été il y fait très
chaud. Aussi, Mgr Grassi, dont la vigilance s'étend
à tous, m'a déjà fait faire un bon habillement d'hiver. Quelle couverture ! du coton est artistement

---

(1) Mgr Moccagatta, vicaire apostolique du Chan-si, étant
aveugle depuis plusieurs années, et âgé de près de quatre-
vingts ans, Mgr Grassi, son coadjuteur, dirigeait le vicariat.

piqué entre deux toiles bleues. Le pantalon est lié à la cheville et serré autour des jambes jusqu'au genou ; cela permet de mettre des bottes par-dessus. Un peu plus tard, si je suis envoyé parmi les chrétiens des montagnes, je devrai encore changer de costume d'hiver. Là, tous nos Pères portent un habit complet de peau de mouton. C'est alors que je serai à photographier !

« Notre résidence de Taï-iuen-fou occupe un emplacement quasi immense que je n'ai pas encore entièrement parcouru. Les vignes s'étendent jusqu'au mur de la caserne principale où sont logés deux cents soldats. Notre église est fort jolie et grande, elle a trois nefs et est surmontée d'une tour où sont les cloches et une horloge *sonnante*. Nous avons vingt et un séminaristes qui font les cérémonies comme en Europe.

« La ville renferme de quatre à cinq cents chrétiens. Le mandarin militaire chrétien a organisé parmi eux une musique militaire dont il a payé tous les instruments. Le jour de saint FRANÇOIS, les vingt artistes s'exécuteront aux vêpres. On dit que, lorsqu'ils jouent, une foule de païens viennent les entendre. Pour moi, je serai très heureux de jouir de leurs harmonies, et, s'ils le méritent, j'irai leur dire des *Kéni* (très bien). Vous voyez que la Chine n'est pas un pays de sauvages, comme on se plaît à le redire en France.

« Il paraît que, de mémoire d'homme, on n'a jamais vu de Missionnaires français au Chan-si.

« En 1862, M. de Rochechouart, ministre plénipotiaire a Pékin, est venu visiter la province ; il est probable, qu'entre lui et moi, aucun Français n'aura foulé ce sol. Je crois faire grand honneur à la France, car, lorsque les Chinois apprennent de quel pays je suis, ils demandent toujours si les Français sont tous aussi grands et aussi forts que moi ; mais je ne puis pas répondre oui.

« Nous attendons, dans quinze jours, le nouveau vicaire apostolique du Chan-tong, qui va venir se faire sacrer par notre Évêque. De plus, après son sacre, il prendra part au synode provincial qui se tiendra à Taï-iuen-fou. Il y aura cinq ou six évêques. »

15 novembre.

« Depuis le 1ᵉʳ, nous avons marché de fête en fête. Le jour de la Toussaint, le nouvel évêque du Changtong a été sacré ici par trois évêques. La présence simultanée de trois évêques est assez rare en Chine ; le plus éloigné a mis un mois à faire son voyage. Après le sacre, vint le synode. Les séances publiques

se tenaient dans l'église après une messe pontificale
du Saint-Esprit (1).

« La langue chinoise est vraiment difficile, et l'é-
tude n'en va que lentement. »

Il y avait à peine six semaines que le P. Hugolin
était en Chine et payait, depuis ce temps, son tribut
à la fièvre, qu'il se désolait déjà de ne pouvoir commencer les travaux missionnaires.

« Il vint me trouver, écrivait le P. François Fogolla, me priant instamment de le prendre pour élève
et de lui donner moi-même des leçons de chinois. Il
était certain, disait-il, que sous ma conduite, il
apprendrait promptement et sans ennui. Malgré mes
occupations au séminaire, je me rendis à son désir
et lui donnai immédiatement une première leçon de
chinois. Deux mois après, à sa satisfaction, il pouvait
entendre les confessions (2). »

« Que vous dirai-je encore, continue le P. Hugo-

----

(1) Assistaient à ce synode : Mgr Hamer, vic. ap. du
Kan-sou, év. titulaire de Trémithonte ; Mgr Aimé Pagnucci, Frère Mineur, vic. ap. du Chen-si, év. titulaire,
d'Agathonica ; Mgr Benjamin Geremia, Frère Mineur, vic.
ap. du Chan-tong, év. titulaire d'Usula ; Mgr Grégoire
Grassi, Frère Mineur, vic. ap. coadjuteur du Chan-si, év.
titulaire d'Orthosia.

(2) *Lettre du P. Fogolla*, du 27 août 1897.

lin dans sa lettre à sa famille, sinon que, ces jours-ci, il m'a été donné de voir une vraie curiosité. Ce sont des..... — je ne sais pas comment les appeler — disons des *vases*, pour transporter le vin, et ces vases, chez les Chinois, remplacent les tonneaux. Ils fabriquent de grands paniers en osier sous forme d'urne. A l'intérieur, ils les garnissent d'un certain papier de leur fabrication, *enduit de sang chaud de porc* mélangé à d'autres ingrédients. Le papier adhère alors complètement à l'osier et forme une sorte de vernis qui ne laisse échapper aucune goutte de vin. Remarquez, en outre, que ce papier ne donne aucun goût au vin et que les vases durent des années et des années. La façon de les boucher est encore très curieuse. Les Chinois taillent dans une planche de bois un rond un peu plus petit que l'ouverture. Ils entourent ce rond de terre glaise et l'appliquent sur le vase. Il ne reste plus qu'à passer un fer chaud pour cuire la terre et c'est hermétiquement clos. Les vases peuvent aller jusqu'à Paris et même plus loin ; ils n'ont à redouter que les coups de couteau. Notez bien que les Chinois fabriquent toutes sortes de poteries ; mais pour le transport des liquides, ils ne veulent que leurs paniers qui sont légers et s'empilent sur les chariots.

« Les Arabes emploient, on le sait, pour la même fin, une peau de mouton. Ils la cousent, lient trois pattes et y entonnent leur vin ou leur huile, mais ces liquides conservent toujours un goût de peau. Décidément les *Fils du ciel* sont ingénieux ; ce qui, encore une fois, n'empêchera pas les journalistes français de les faire passer pour des imbéciles. »

22 novembre.

« J'ai eu l'honneur d'accompagner Mgr Geremia, nouvel évêque du Chan-tong, dans une petite excursion à une chrétienté assez proche. Il est impossible de vous retracer le bonheur de ces chrétiens et chrétiennes de voir chez eux un évêque et plusieurs prêtres. Quelle fête ! Hommes et femmes avaient leurs plus beaux habits. Les femmes de la classe plus aisée portaient un pantalon rouge, une veste bleue, des épingles et grelots d'argent dans les cheveux. Tous sont venus baiser la main de l'évêque ; ils étaient sept cents ; c'est vous dire que la cérémonie a été un peu longue.

« Quand nous passions dans les rues du village, on présentait à Mgr Geremia les plus petits enfants ; les vieillards accouraient et Sa Grandeur devait entrer bénir les infirmes.

Bien des fois, j'ai été ému jusqu'aux larmes par la

1° S. G. Mgr G. GRASSI, Coadj. du Vic. Ap. du Chan-si   3° Mgr A. PAGNUCCI, Vic. Ap. du Chen-si
2° S. G. Mgr F. HAMER, Vic. Ap. du Kan-Su   4° Mgr B. GEREMIA, Vic. Ap. du Chan-tong

5° P. François FOGOLLA, O. F. M.   9° P. Louis FRANCESCHI, O. F. M.   13° P. Elie FACCHINI, O. F. M.
6° P. Pierre HU, Chinois, Tertiaire   10° P. Valère ICARDI, O. F. M.   14° P. YAN, Chinois, Tert.
7° P. Athanase D'AGOSTINI, O. F. M.   11° P. Stanislas CORNELISSE, O. F. M.   15° P. Joachim OZAI, O. F. M.
8° P. Hug. VILLARET DE DOUILLENS, O. F. M.   12° P. OZAX, Chinois, Tertiaire   16° P. TAN, Chinois, Tert.

simplicité et la foi des habitants de ce village qui ne renferme *aucun* païen.

« Lorsque nous partîmes, ils sonnèrent leur cloche qui se trouve non dans un clocher, mais dans un pavillon des plus curieux et artistement travaillé. La musique se plaça devant la voiture épiscopale autour de laquelle papillonnaient une foule de gamins ; c'est ainsi que nous sommes allés assez loin. Lorsque la musique se tut, Mgr Geremia dit quelques mots de remerciements ; chacun se mit à genoux pour recevoir une dernière bénédiction et retourna au village sans pousser un cri.

« Les deux évêques du Kan-Sou et du Chen-si sont partis, il y a huit jours, dans un appareil digne de Leurs Grandeurs ; car c'était le cas ou jamais d'observer la grande étiquette chinoise.

« Voici le cortége : Un domestique à cheval, presque tout de rouge habillé, ouvrait la marche, cinq prêtres (deux Européens et trois Chinois), chacun traîné dans une voiture conduite par un mulet (domestiques à côté du conducteur), suivaient immédiatement ; puis, venait la longue file des mulets chargés de bagages ; car, sachez-le, plus on a de bagages et de mulets, plus on est noble et grand. Enfin apparaissaient les deux évêques, chacun dans son palanquin. Le défilé se terminait par les domestiques des deux missions, en grande tenue, très fiers sur des mulets.

« Remarquez que tout cet appareil est *obligatoire* aux évêques ; les païens doivent savoir que les pasteurs des chrétiens sont de grands personnages, de grands mandarins. Le culte extérieur, si nécessaire partout, est *indispensable* en Chine, où tout se fait avec une si grande pompe ! »

Nous avons vu plus haut, dans une lettre du P. Fogolla, qu'après deux mois d'étude le P. Hugolin était capable d'entendre les confessions. Nous allons maintenant voir le Missionnaire à l'œuvre. Mais auparavant, il faut faire connaissance avec les inondations chinoises, et constater à quelle pauvreté elles réduisent quasi périodiquement les malheureux habitants des campagnes.

CHAPITRE IV

UN ÉTRANGE PAYS

u mois de juillet 1886, le P. Hugolin, sur l'ordre de son évêque, envoyait à l'Œuvre de la Propagation
de la Foi la lugubre relation que
voici :

« Une désastreuse sécheresse régnait dans ce district depuis plusieurs mois, lorsque, le 24 juillet, le
ciel se couvrit de nuages, et la pluie commença à
tomber. Les cataractes du ciel s'étaient ouvertes et,
pendant trois nuits et deux jours, elles ne cessèrent
un instant de se déverser sur nous.

« Dans la nuit du 25 au 26, les sons du tam-tam
nous éveillèrent en sursaut... Était-ce un incendie ?... Était-ce une révolte ?... Non, à un quart

d'heure de Taï-uien-fou passe une rivière importante, le Fenn-ho. Grossie par les torrents qui descendent des montagnes voisines, elle avait rompu ses digues et, renversant sur son passage les maisons des faubourgs, se répandait dans la ville. Bon nombre d'habitants furent surpris et noyés. Pouvait-il en être autrement dans une ville chinoise, sans lumière et sans service de secours régulièrement organisé ?

« Quoi qu'il en soit, dans la matinée du 26, l'eau continua de monter, et la pluie tombait toujours. Les badauds, — il y en a toujours dans une ville de cent mille habitants, et, en Chine, ils dépassent en nombre et en bêtise tout ce que nous connaissons en France, — les badauds, dis-je, allaient contempler le désastre. Campés sous leur parapluie *de papier huilé* et fumant leur longue pipe, ils dissertaient sur la crue des eaux. Le préfet de la ville se rendait à la grande pagode pour faire des prostrations devant les idoles officielles ; mais personne ne tentait rien pour arrêter la marche de l'inondation ou secourir les victimes. Je me rappelai alors le récit des sauvetages opérés dans le faubourg de Saint-Cyprien à Toulouse, en 1875. Quelle différence entre l'esprit des deux peuples, entre l'esprit chrétien et l'esprit païen !

« Enfin, dans l'après-midi, la pluie cessa, et le conseil des mandarins se décida à prendre quelques mesures de précaution. Il était temps. La rivière avait complètement abandonné son lit et, furieuse comme un torrent, elle entrait en ville par une porte et ressortait par une autre. L'autorité municipale réquisitionna plusieurs domestiques de la mission pour travailler à une tranchée qu'on ouvrit en avant de la résidence épiscopale, du séminaire, de l'école et de l'orphelinat. Dieu nous protégea et l'eau cessa de monter.

« Le lendemain matin, Mgr le Coadjuteur, accompagné de quelques Pères, se rendit compte par lui-même du désastre en passant sur les murs de la ville. Les trois quarts de la cité étaient sous les eaux d'où émergeaient seulement quelques maisons à demi-détruites, avec leurs toitures chargées d'hommes, de femmes et d'enfants. Un grand nombre de païens s'étaient précipités, de désespoir, dans les flots.

« Les murs avec leur chemin de ronde, large de 6 mètres environ, étaient encombrés d'une foule plus ou moins affairée. L'esprit mercantile des Chinois n'avait pas manqué cette belle occasion, et on trouvait, en cet endroit, des cuisines ambulantes,

des marchands de fruits, des marchands de boissons ;
une sorte de foire, en un mot, permettait de rester
sur les murs sans craindre la famine. Je portais à la
main une lunette d'approche, et je la donnais aux
chrétiens qui venaient nous saluer. Un païen m'offrit
une pastèque pour que je lui permisse d'essayer cette
curiosité d'Occident. Je la lui prêtai, mais gratuitement.

« Pendant que nous faisions notre triste excursion,
le préfet de la ville, pris d'un accès sublime de dévotion, *faisait donner par ses satellites, devant noble assistance, quarante coups de planche à l'eau pour forcer l'esprit du fleuve à rentrer dans son lit !*

« Enfin, les secours s'organisèrent lentement, et
les soldats se mirent à parcourir les rues sur des
radeaux pour recueillir les survivants. Nous les vî-
mes travailler avec ardeur pour boucher la porte de
l'ouest par où l'eau entrait et ils y réussirent.

« Quinze mille personnes environ purent s'échapper des quartiers inondés. Elles trouvèrent un abri
temporaire dans les pagodes et dans certaines caser-
nes que le gouvernement mit à leur disposition. Ces
infortunés nous ont fait *cadeau* d'un grand nombre
de petites filles, qui sont mortes après avoir reçu le
baptême.

« A Taï-uien-fou, nous avons quatre cents chrétiens. La plupart d'entre eux, habitant autour de
l'église, furent épargnés ; les autres eurent très peu
à souffrir. Des néophytes s'étaient réfugiés sur le
toit de leur maison ; un prêtre chinois put parvenir
jusqu'à eux pour les sauver. Nous avons appris qu'un
soldat chrétien s'est noyé en faisant son devoir.

« Nous devons remercier la bonne Providence qui
a visiblement protégé la mission et les chrétiens de
la capitale ; malheureusement il n'en fut pas de même
dans le sud du vicariat. Le Fenn-ho y courait d'une
façon aussi furieuse que vagabonde. Abandonnant les
villages situés près de son lit, il allait en surprendre
de bien éloignés. Ce fleuve, coulant presque partout
à fleur de terre, et n'ayant pour ainsi dire pas de
rives, il lui était facile de se venger dans les campagnes des coups de planches dont l'avait puni le préfet de la capitale. Sa vengeance fut terrible.

« Pour ce qui nous regarde plus particulièrement,
nous savons, par les renseignements envoyés jusqu'à
ce jour à Monseigneur, que douze ou treize chrétientés ont été inondées. A Nan-kou-tsouon, la chapelle
et la résidence du Missionnaire se sont écroulées.
Heureusement le Père n'y était pas. Deux autres chrétientés ont leurs chapelles endommagées. Le village

de Kiou-ki-tsouon était complètement entouré par
les eaux, et cependant deux de nos confrères, un
Père européen et un Père chinois, devaient s'y rendre. Comment faire ? Il n'y eut jamais de barque
aux environs de cette île nouvelle. La charité est
ingénieuse : les prêtres *s'embarquèrent* sur des chameaux, et, après un long détour, arrivèrent à bon
port. »

La lettre qui précède nous a appris ce que sont les
inondations du Fenn-ho ; voyons maintenant, toujours d'après le P. Hugolin, les difficultés que ren-
contrent Chinois et Missionnaires, lorsqu'ils veulent
traverser cette rivière.

« Dans votre pays de France, quand un voyageur
arrive en face d'une rivière à traverser, que voit-il
devant lui ?

« Eh ! Monsieur le Chinois, il voit, le plus ordinairement, un pont ; quelquefois une barque.

« C'est très naturel, assurément, et j'admire à quel
degré de commodités on peut parvenir sous une
République.

« Dans mon nouveau pays, que vous savez être
un Empire et un Empire céleste, quand un voyageur
arrive en face d'une rivière à traverser, il voit le
plus ordinairement devant lui... de l'eau.

« Et comment traverser la rivière ?

« Rassurez-vous : l'esprit ingénieux des Chinois a trouvé différents moyens.

« Sur certains points privilégiés du Céleste-Empire, il y a des ponts en pierre ou en bois, très solides et fort bien construits. Mais ils sont rares, fort rares. Le plus souvent, les ponts sont composés de longues branches d'une sorte de sapin. Les unes sont enfoncées dans la vase, les autres sont liées sur les premières par des *liens en paille*. C'est effrayant à dire, c'est encore plus effrayant à voir, croyez-moi. La chaussée est couverte de paille de *sorgho* et ne laisse passer qu'une seule voiture à la fois, ce qui permet au voyageur d'attendre des heures entières, quand une file de carosses, de chariots de transport, de mulets, de chameaux, d'ânes, etc... suivent une direction contraire à la sienne. Il n'y a aucune espèce de parapet ; ce qui donne aux attelages la facilité de faire des plongeons, comme il est arrivé, l'hiver dernier, à une voiture de chrétiens que nous connaissons fort bien. La solidité du pont consiste dans son élasticité. Quelquefois, on arrive devant cet instrument, qu'avec des idées larges on veut bien appeler *le pont*, et il est cassé, et les ingénieurs sont occupés à le raccommoder.

« Si ces anciens élèves de l'École Polytechnique déclarent que leurs travaux doivent durer longtemps, le voyageur a la ressource d'aller chercher au loin un instrument non cassé. Nous savons cela par expérience.

« Nous devons avouer candidement que, dans nos premières courses à travers le Céleste-Empire, nous récitions de bon cœur sur ces ponts l'*Ave maris stella*...

« N'allez pas vous imaginer que ces ponts soient au-dessus d'une flaque d'eau ; ils servent à passer des rivières et des fleuves plus larges que la Seine, à Paris, ou la Somme, à Amiens. Bien des fois, nous avons dû traverser à pied l'un de ces ponts ; nous l'avons mesuré, et nous avons compté cent soixante mètres de longueur.

« Ce n'est pas tout. Ces ponts élastiques n'existent que pendant la moitié de l'année ; dans notre province, ils disparaissent du mois de juin au mois de novembre. Ces étonnants Chinois les enlèvent pour deux raisons : 1° pour permettre le flottage des bois et le transport des marchandises en juin ; 2° pour éviter que ces ponts si précieux ne soient emportés à la saison des pluies. Car, dans ce pays, où il ne pleut que l'été, les rivières débordent chaque année. Cela est aussi prévu que la crue du Nil, et les dégâts ne sont graves que quand l'inondation dépasse l'ordinaire.

« Si ces ponts n'existent plus, le voyageur, comme nous l'avons dit, ne voit devant lui que de l'eau. Alors, se présentent diverses hypothèses. Le fleuve est à l'état d'un torrent impétueux ou non ; le voyageur est à pied ou en voiture. Nous allons répondre à ces divers points d'une légitime curiosité.

« Si l'eau n'est pas trop abondante, le voyageur traverse la rivière dans sa voiture. Ce système a l'avantage de rafraîchir les chevaux et les mulets, mais il déplaît aux ânes. C'est poétique et pieux ; car l'âme, se voyant au milieu des eaux, entre le ciel et la terre, s'élève facilement au souvenir des vérités éternelles.

« Nous avons une couverture de lit qui, tant qu'elle sera couverture, portera le souvenir de l'une de ces traversées.

« Ce jour-là, nous n'avions devant nous que l'eau et les oreilles de notre mulet. Nous étions sur la surface des eaux comme un canard sauvage, et, un tant soit peu plus, nous prenions un bain de siège. C'eût été conforme à une promesse de Dieu qui dit en Isaïe . *« Cum transieris per aquas tecum ero, et flumina non operient te ;* lorsque tu passeras à travers les eaux, je serai avec toi, et les fleuves ne te couvriront pas (1). »

« Les Chinois vulgaires y vont plus simplement.
Portant sur leur tête leur veste, leur pantalon, leurs
souliers et leurs bas de toile blanche, ils ne mouillent que le costume primitif porté par Adam sortant
des mains du Créateur. Ce curieux sac percé, ordinairement blanc et flanqué de deux appendices, que
vous appelez la chemise, en style européen, est absolument inconnu dans le Céleste-Empire.

« Si l'eau est trop abondante, ou si la rivière est
sortie de son lit, hommes, bêtes et voitures doivent
s'embarquer sur un bac ou ponton carré.

« Le récit d'une aventure assez risible va vous donner une idée de ce moyen de transport.

« Ils étaient deux, deux enfants de la France,
deux Frères en saint FRANÇOIS. Ils sont en Chine
les commis-voyageurs du bon DIEU ; ils offrent la
bonne nouvelle ; ils veulent guérir les plaies faites
par le paganisme. Une idée : pour la facilité de notre
récit, appelons-les du nom des deux frères médecins et martyrs : Cosme et Damien (2).

(1) ISAIE, XLIII.
(2) C'étaient le P. Hugolin lui-même et le P. Théodoric,
martyrisé en 1900.

« Cosme et Damien devaient traverser le Fenn-ho qui, après une grande inondation, n'était pas encore complètement rentré dans son lit. Passer dans leur voiture était une chose absolument impossible, parce que les eaux auraient tout couvert.

« Ils durent s'embarquer sur un ponton bien garni d'hommes, de voitures, de légumes, de fruits, etc...

« Après que les mariniers eurent jugé la cargaison suffisamment complète, la lourde machine démarra et avança lentement.

« Presque au milieu de la plaine liquide, un grand choc se produisit ; le bac avait touché l'ancienne rive et ne pouvait aller plus loin. Les matelots amarrèrent dans la vase et invitèrent un chacun à payer le péage et à déguerpir. Aussitôt, pantalons, souliers et bas blancs furent mis en paquet et les Chinois vulgaires portant au-dessus de l'eau ces choses poétiques, comme jadis Camoëns sauvant la Lusiade, parvinrent sur la terre ferme après avoir barboté dans la fange des terrains encore inondés.

« Mais les deux nobles personnages hésitaient à les imiter, pour plusieurs raisons. L'inconvénient le plus grave eût été de leur faire perdre leur dignité, chose très importante aux yeux des Chinois.

« Ils savaient, du reste, ce qui adviendrait et ils

prirent patience. Les rusés matelots, très heureux de nous posséder sur leur ponton, déchargèrent d'abord les voitures avec une lenteur désespérante et des discussions sans fin.

« Puis ce fut le tour des brouettes et des provisions du marché ; il ne resta plus que les *deux légumes* d'Occident.

« L'un des mariniers, un robuste jeune homme, vint offrir son dos à Cosme qui s'embarqua sur ce bateau à deux pattes. Rappelez-vous cette question enfantine si connue dans votre pays : « Papa, les petits « bateaux qui vont sur l'eau ont-ils des jambes ? — « Allons, petit bêta, s'ils n'en avaient pas, ils n'iraient « pas. » Voilà bien la réponse pour le cas de nos deux Frères.

« Cosme (1), léger comme une plume, fit la traversée sans mal de mer et sans aucune difficulté. Hélas ! il ne devait pas en être de même pour Damien (2), que le bon Dieu a cru devoir affliger de grandes dimensions en long et en large.

« Le bateau de son compagnon revint pour le prendre. D'abord, le Chinois s'extasia devant le monument européen qu'il devait porter. Puis, il fit volte-

(1) Le P. Théodorie.
(2) Le P. Hugolin.

face, et Damien s'embarqua. On n'avait pas fait vingt pas, quand le passager se sentit glisser le long de l'échine de son porteur. Le Chinois se mit à crier comme un brûlé. Il prétendait que sa cargaison allait disparaître et réclamait du secours.

« La situation devenait critique. Les anciens compagnons de jonque qui, la bouche béante et le pantalon à la main, se séchaient au soleil, avaient leurs petits yeux fixés sur cette scène intéressante.

« Jugez donc si le *San-Houei-tien*, le diable *d'Occident*, était sorti du bourbier avec ses souliers mignons, ses bas de toile blanche, son pantalon et son noble habit tout couverts de vase, quel plaisir, quel bonheur, quelle jouissance pour ces païens !...

« Un marinier vint prêter main-forte à son collègue et soutint le passager au-dessus de l'eau. Il restait à parcourir environ cinquante pas. La machine humaine s'avançait avec prudence mais sécurité, quand le Frère Mineur sentit de nouveau qu'il se rapprochait du centre de la terre. Les porteurs le sentirent aussi et appelèrent du renfort avec des cris désespérés. L'attention des spectateurs redoublait sur les deux rives et, pour comble d'infortune, Damien apercevait son ami, Cosme, qui riait à se tordre en contemplant son embarras. Le cruel ! Il voyait par anticipation son Frère émergeant des bas-fonds de l'inondation.

« Le conducteur de leur char, un chrétien nommé Ngan-tang (Antoine en français) s'élança bravement au secours du prêtre. Qu'il en soit à jamais béni ! Grâce à lui, Damien fut déposé, sain *et propre,* sur la terre ferme ou relativement ferme ; les bas blancs étaient sauvés. Le passage de la rivière avait duré une heure.

« Quelques semaines après cette traversée mémorable, le 4 octobre 1886, fête de notre Père saint François, après vêpres, Monseigneur m'envoya à Ké-léao-kéou aider et au besoin remplacer le Père Curé de cet endroit, alors fort malade. Bâti en amphithéâtre sur les premiers contreforts de hautes montagnes qui s'étendent jusqu'au *Hoang-ho,* (fleuve jaune), ce village partage avec beaucoup d'autres de notre province la curiosité de n'avoir pas ou presque pas de maisons. Les montagnards se creusent, en forme de tunnel, une grotte ou caverne dans les flancs de la montagne dont la terre est fort dure, et voilà un palais. Si l'habitant est un grand cultivateur, il creuse plusieurs grottes pour les divers services de la ferme. Les ânes (car il n'y a que des ânes dans nos montagnes) ont leur grotte ; les instruments ont leur grotte ; les récoltes ont leur grotte.

« Dans les habitations, tantôt il y a une ouverture en forme de fenêtre, tantôt il y a une prise de jour au-dessus de la porte ; mais toujours ce vasistas est fermé par des feuilles de papier qui tamisent une douce lumière. Une pluie battante, un grand vent, un chat, un accident quelconque, ont-ils brisé ces *glaces*, le premier venu, s'armant de papier et de colle de farine, se trouve transformé en vitrier de profession. La fumée du foyer sort, quand il lui plaît de sortir, par le tuyau qui est placé à l'extérieur auprès de la porte. De temps en temps, il faut recueillir le salpêtre sur les parois de la grotte, le transformer en sel franciscain et assaisonner hardiment ; sinon tout ce grand confortable fatigue et la vie devient fade.

« Notre mission de Ké-léao-kéou possède un grand établissement : petit séminaire, imprimerie chinoise, orphelinat de trente garçons, ferme, paroisse de cinq cents chrétiens, et maison de vierges, comme qui dirait un couvent. Ces vierges font l'école aux *bambines* du village, entretiennent le vestiaire bien simple des séminaristes et des orphelins, et reçoivent les petites filles dont les païens nous font cadeau. Pour le coup, j'étais confesseur de Religieuses, confesseur

ordinaire de Religieuses *extraordinaires*. N'est-ce pas
singulier, en effet, des Révérendes Mères avec de
longs cheveux noirs, avec une large veste, un non
moins large pantalon et... pas de pieds (1) ?... J'en
avais sept dont l'âge variait entre soixante-neuf ans
et dix-sept ans.

« A peu près vers la même époque où je fus
envoyé à Ké-léao-kéou, les chrétiens de Sa-kéou,
qui avaient eu leur mission dans les premiers mois
de l'année, apprirent la nouvelle du jubilé accordé
par S. S. Léon XIII. Vite, ils dépêchèrent de braves
gens près de Monseigneur, suppliant que le prêtre
passât une seconde fois chez eux pour faire gagner
l'indulgence du jubilé. Monseigneur leur donna peu
d'espoir ; car il est bien difficile à nos Missionnaires
de visiter deux fois en un an le même village.

« Vers la fin de l'année, le catéchiste de Sa-kéou
s'en vint renouveler sa demande. Monseigneur lui
dit :

« J'ai à Ké-léao-kéou le P. Hou ; il ne peut pas
« encore beaucoup parler ; mais il entend les confes-
« sions. Je vous l'enverrai.

---

(1) Allusion à la coutume des jeunes Chinoises, qui, dès
leur bas âge, ont les pieds emmaillotés afin de les conserver plus petits.

« — Volontiers, Monseigneur ; du moment que le
« P. Hou peut entendre nos confessions, c'est tout
« ce qu'il faut. »

« Le jour même, le catéchiste de Sa-kéou m'appor-
tait triomphalement l'ordre écrit de Monseigneur de
me rendre au dit village où j'arrivai le mercredi
avant Noël.

« Sa-kéou renferme cent soixante chrétiens (y compris les enfants) et cent vingt païens. Ce village est
assez riche, à cause de son commerce de charbon et
de bestiaux avec Taï-uien-fou qui n'est pas éloigné.
Sur les cent soixante chrétiens qui l'habitent, quarante appartiennent aux familles Soun, Tou et Tsou ;
les cent vingt autres composent la belle famille
Tchang, tout entière chrétienne. Le patriarche Pao-
Cono (Paul) est venu me voir plusieurs fois : c'est
un magnifique vieillard de soixante-douze ans, d'une
taille gigantesque et d'une prestance magnifique.
Vous comprenez que, lorsqu'il passe dans le village,
il reçoit beaucoup de saluts : tous les gamins sont ses
arrière-petits-enfants ou les arrière-petits-enfants de
ses frères, ou je ne sais plus quoi ; car c'est compli-
qué. Jugez donc : cent vingt personnes qui sont
parentes de plus ou moins loin, dans un même village !

« La messe de minuit n'avait pas été célébrée à Sa-
kéou depuis dix-sept ans. Aussi la petite église était-
elle bien remplie par les chrétiens du pays et d'autres fidèles venus des environs ; les petits enfants
eux-mêmes y assistaient. A la consécration, je fus
littéralement troublé par les coups de canon, les
décharges de pétards, enfin une mousqueterie sans
pareille qui éclatait devant l'église. A la messe de
neuf heures, le matin de Noël, même démonstration. Après l'action de grâces, j'allai voir les artificiers : ils préparaient des paquets de pétards, et de
gigantesques jeunes gens, (car Sa-kéou est un pays
de beaux hommes), chargeaient leurs trois petits
canons de fer !

« Je les remerciai de la surprise et du plaisir qu'ils
m'avaient faits en célébrant ainsi extérieurement la
naissance de Notre Seigneur. Je leur demandai si
tout ce vacarme n'exciterait pas les païens du village
et des environs.

« Au contraire, Père, me répondirent-ils ; cela
« nous fait respecter. Du reste, nous sommes plus
« nombreux et plus forts ; car nous ne fumons pas l'o-
« pium. Ne crains rien, Père ; aucun d'entre eux
« n'osera rien dire ni même se plaindre d'avoir été
« réveillé. »

« Ce jour-là, le saint Sacrement était conservé dans l'église du pays, et je fus très édifié de l'empressement des paroissiens à visiter Notre Seigneur. Un jeune catéchiste de vingt-deux ans, que Monseigneur m'avait envoyé de la capitale pour m'aider, prépara un salut solennel. Il avait apporté chape, ostensoir, surplis, encensoir, etc... Vers quatre heures après-midi, cinq jeunes gens revêtirent un surplis (pour la première fois de leur vie, sans doute), et le Salut commença. J'exposai le saint Sacrement, lorsqu'ils eurent dit leurs prières en chinois, et à mon tour je chantai le *Tantum ergo*. La bénédiction fut splendide. La musique instrumentale jouait dans l'église ; au dehors, artilleurs et artificiers s'en donnaient à cœur joie. Les païens durent se demander ce qui se passait chez les chrétiens. Et nos poltrons de France qui n'osent pas honorer le Dieu de l'Eucharistie !

« Quand je sortis de l'église, ces braves gens me firent voir qu'un canon avait occasionné des dégâts. Placé trop près de la chambre que j'habitais, il avait cassé toutes les vitres de ma fenêtre. Et ils riaient et ils étaient contents ! Je dois vous dire que le dégât n'était pas grave. Deux vitriers arrivèrent avec de la colle de farine et du papier et, en un clin d'œil, j'eus des vitres neuves. Vous savez déjà que les Chinois ne veulent pas se servir de verres pour leurs fenêtres. Ils en fabriquent et même de fort joli de couleur ; mais pour les fenêtres ils préfèrent leur papier. « C'est plus chaud, » disent-ils et ils ont peut-être raison.

« Les cérémonies n'étaient pas finies. On sortit de l'église un tapis et un fauteuil avec coussin rouge et je dus recevoir le *ko-teou*. C'est la plus grande marque de respect, de soumission et de reconnaissance qu'un Chinois puisse donner. La musique jouait, et les hommes, deux à deux, vinrent me faire trois prostrations, se relevèrent et recommencèrent trois fois ; total : neuf prostrations.

« Quand les messieurs eurent fini, les dames, cantonnées dans un coin de la cour, furent invitées par le cérémoniaire à s'approcher et à présenter leurs hommages, deux par deux. Mais elles ne font qu'une prostration et se retirent de suite. J'eus donc l'occasion de voir de près les grandes toilettes.

« La tête de ces vénérables matrones était chargée d'ornements en argent et plusieurs avaient des habits aux couleurs brillantes. J'appris ainsi que la grande mode était un pantalon rouge, une veste verte et par-dessus un petit gilet noir sans manche. Les vestes bleues ne sont pas, paraît-il, de première distinction.

« Permettez-moi ici une petite réflexion. Figurez-vous que des Chinois aillent se promener à Amiens ou à Bordeaux. Comme tout le monde courrait les contempler ; vous-même vous interrompriez peut-être la récitation de l'office pour les voir passer.

« Oh! qu'ils sont drôles ! s'écrierait-on, quelle « figure plate, quelle peau jaune, quelle petite bouche, « quels yeux fendus en amande, quelles larges oreilles; « ils n'ont presque pas de barbe et cette queue qui « se balance sur leur dos, ces larges habits et ces pan-« toufles à semelles blanches. Oh ! quels hommes ! »

« Ces sentiments sont les mêmes dans le Céleste-Empire. Quand les Chinois ne sont pas habitués à voir des Européens, ce qui les frappe le plus c'est cet espèce de promontoire qui sort d'une figure blanche.

« Oh ! là là, s'écrient-ils, quel nez ! Mais que font-« ils d'une pareille machine ? Quelle bouche ! Mais « qu'entonnent-ils là dedans ? Quelle barbe ! Mais « pourquoi ces gens cachent-ils ainsi leur visage ! Est-« ce qu'ils ne sont pas francs ou ne veulent pas être « reconnus ? Quels yeux grands et gros ! On dirait « des yeux de chevaux. Et cette tête tondue, pelée, à « quoi bon avoir des cheveux si c'est pour les couper ?

« Sont-ils curieux ces gens-là !... Mais leur nez, oh !
« leur nez !... »

« Entre l'Européen et le Chinois, quel est le plus
beau type ? Certainement vous prétendez que c'est
l'Européen ; et mes paroissiens de Sa-kéou préten-
dront que c'est le Chinois. Pour vider le différend,
je voudrais voir encore l'un de ces beaux nègres du
Soudan qu'on rencontre dans les rues d'Alexandrie
d'Égypte et je lui dirais :

« Frère nègre, toi qui possèdes un gros nez camus,
« contemple et décide entre les blancs et les jaunes.
« Le type de la beauté se trouve-t-il dans ce visage
« qui est ombragé par un éteignoir de sacristie, ou
« bien dans cette figure au milieu de laquelle est col-
« lée une châtaigne ?... »

« Et le noir déciderait ; mais dans ce pays il n'y a
pas de fils de Cham. Que les Anglais qui connaissent les nègres du Soudan daignent leur poser la
question et publier la réponse. Je leur en serai bien
reconnaissant.

« Mais revenons à Sa-kéou. Après les fêtes de Noël,
je continuai à remplir les devoirs de mon ministère ;
j'allai voir à domicile les malades et les vieillards et
je portai la sainte communion, afin qu'ils pussent
gagner le jubilé ; je suppléai les cérémonies du bap-

tême à six enfants qui étaient nés depuis le passage
du prêtre, et me préparai à rentrer à Ké-léao-kéou,
le 31 décembre. J'avais entendu quatre vingt onze
confessions et distribué quatre-vingts communions.
J'étais content et reconnaissant à Dieu.

« Le 30 décembre, après la messe, le catéchiste de
Sa-kéou me demanda de ne pas partir le lendemain
parce que, le samedi 1ᵉʳ janvier étant fête d'obligation, et le 2 un dimanche, les chrétiens seraient
heureux d'avoir la messe ces deux jours-là. Je lui
répondis que mon devoir étant rempli, je partirais
le 31 décembre. Il revint accompagné de plusieurs
vieillards et du patriarche Pao-Cono, et, à genoux,
ils me renouvelèrent la supplique. Je fus inébran-
lable.

« J'achevais de confesser, vers 5 h. 1/2, lorsqu'il
se fit tout à coup un grand bruit dans la cour. Des
jeunes gens se précipitèrent dans ma chambre aux
vitres neuves en criant :

« Père, tu ne partiras pas, tu ne partiras pas ! »

« L'un d'eux me remit une lettre : c'était Monseigneur qui m'écrivait de rester jusqu'à lundi matin.
Sur mon refus de prolonger mon séjour à Sa-kéou,
le catéchiste avait envoyé une députation de jeunes
gens à l'évêque. Il fallait se rendre ; je me soumis

de bonne grâce et je les félicitai de leur bon cœur.
Vous voyez que ces Chinois sont aimables.

« Les païens le sont aussi. Figurez-vous que, le
31 décembre, tout au soir, ils m'envoyèrent des
étrennes, oh ! mais de très jolies petites étrennes. Je
vous laisse en cent à deviner et vous ne trouverez
pas. Ils m'envoyèrent *une petite fille* de quelques heures. Je voulais baptiser immédiatement cette enfant
qu'ils me donnaient ; mais les hommes d'une nombreuse famille, qui loge dans la cour de l'église afin
de garder le monument religieux, s'y opposèrent,
prétendant que voir baptiser le lendemain, après la
messe, ferait plaisir à tout le monde. J'eus été désolé
que ma petite fille mourût et fût ainsi privée du
bonheur du ciel.

« Je fis donc consulter les vieilles femmes de la
maison, gens toujours fort expérimentées. Ces vénérables *sans-dents* furent d'avis que la fillette ne courait aucun danger.

« En conséquence, après la messe, la grand'mère
de la bande, ayant revêtu ses plus beaux habits, se
présenta comme marraine et tint l'enfant que je
baptisai sous le nom d'Élisabeth. Une jeune femme
nourrit la nouvelle petite chrétienne pendant deux
jours et, le lundi matin, je l'envoyai, dans les bras

d'un jeune homme, au grand orphelinat qui est à six ou sept lieues de Sa-kéou. »

Le P. Hugolin ne resta que quatre mois à Kéléao-kéou ; vers la fin de février 1887, il revint à Taï-uien-fou, d'où Mgr Grassi ne tarda pas à l'envoyer dans les montagnes du *Jan-tchu-tchien* Ce fut alors le temps le plus heureux de sa vie de mission. Coutant de ci, de là, visitant les chrétientés, administrant les sacrements, il jouissait avec délices de la vraie vie missionnaire, telle qu'il l'avait rêvée. Rien ne le rebutait. Ni les souffrances, ni les privations, ni les incommodités des routes ou des saisons, ne pouvaient altérer la joyeuse humeur de ses lettres. En mai 1887, il écrivait :

« J'ai été changé de département : je ne suis plus de la résidence épiscopale, mais du district de Jan-tchu-tchien. Ce district comprend les montagnes cultivées qui s'étendent du nord au nord-est ; c'est le premier plan. Le P. Cornelis (Hollandais) est chargé des montagnes du deuxième plan ; un prêtre chinois, très gai, est chargé du troisième. Celui-là a besoin de se chauffer souvent et il ne mange que des pommes de terre. Au delà, nous avons nos deux districts qui confinent à la Tartarie ; on dit qu'il faut y être pour s'en faire une idée ; espérons d'y aller.

« Le P. Théodoric est dans la seule partie de notre vicariat qui n'ait pas de montagnes importantes. Là, on peut circuler presque partout en carrosse. Ce sont les délicats de la mission.

« Mais, dit l'ineffable P. Cornelis, ils n'ont pas tant de plaisir que nous qui *roulons* à mulet, à baudet et même à pied. »

« Le grand Hugolin lui-même a déjà accompli cet exploit. C'était le jour de la saint Chrysostôme ; j'avais droit à un *extraordinaire* en l'honneur de mon Provincial (1) ; je l'ai eu. Je gravissais une montagne pour aller voir une malade qui, le soir même, fut jugée par Dieu. Un demi-pied de neige, le saint Sacrement sur ma poitrine, dix-huit degrés centigrades de froid sur le dos ; tout était solennel. A un endroit horrible, au-dessus d'un précipice indiqué par une petite pagode en l'honneur du diable, je voulus absolument descendre de mulet. Bien m'en prit ; car, en cheminant dans l'étroit sentier, je fis un parterre des mieux réussis. Que vous auriez ri si vous aviez pu voir la photographie d'*Hugolin-le-long* dans la neige ! Si le mulet et sa surcharge étaient

(1) Le Provincial de la Province Saint-Louis était alors le R. P. Chrysostôme.

tombés ensemble, c'en était fait de tous les deux.
Mais la bonne Providence veillait. Lorsque je ren-
trai de ma course, j'avais les dents longues et, pour
comble d'infortune, le *préposé à la ratatouille* s'était
imaginé que je ne reviendrais pas et... avait éteint
ses fourneaux ! Vicissitudes de la vie missionnaire !...

« Un bonheur pour moi au Jan-tchu-tchien, c'est
que j'y suis avec un jeune prêtre chinois, le P. Basile
Wan. C'est un confrère très aimable, mais très petit
et très maigre. Nous venons de donner ensemble la
mission à Tchang-kéou. Tchang-kéou est un village
de cent vingt habitants, tous chrétiens. Nous y arrivâmes chacun dans une voiture. Les hommes, en
beaux habits, nous attendaient au dehors et c'est au
son de la musique que nous entrâmes dans l'église
où les dames, en grande toilette, étaient réunies.
Après avoir assisté à la réception, un bambin courut
annoncer à sa mère que les deux Pères étaient arrivés
et que le Missionnaire d'Europe était si grand que
le P. Basile paraissait son petit garçon. Je fis la connaissance de ce petit Chinois vraiment très intelligent et très éveillé. Jugez de mon étonnement lorsque j'appris qu'il s'appelait François Roux.

« Comment m'écriai-je, il y a des Roux par ici ?

« — Mais oui, il y en a plusieurs familles ; le Père
« est étonné de cela ? »

« Je leur répondis que Roux était le nom de ma
mère et que je ferais savoir à mes oncles et cousins
germains que leur nom de famille était également un
nom chinois ; ce dont ils ne se doutaient pas.

« Il n'y a que mille noms de famille pour le peuple chinois. Aussi, pour se reconnaître, ils ajoutent
à leur nom leur prénom, ou plutôt ce qu'ils appellent leur petit nom. Parmi nos chrétiens, que nous
désignons par leur nom de baptême, il y a des petits
noms très poétiques. L'un d'entre eux, gros gaillard,
s'appelle *demi-bœuf* ; un autre, son parent, qui n'a
rien d'intéressant, se nomme *bœuf aimable*. Un troisième s'appelle *soixante-douze*. Devinez-vous pourquoi ? Non... Eh bien, c'est que son grand-père
avait soixante-douze ans lorsque l'enfant naquit.
Celui-ci se nomme *deuxième bonheur*, cet autre *troisième félicité* ou *cinquième bénédiction*. De deux frères
l'un est *bouton*, l'autre *haricot*. Un charmant petit
bonhomme, dont la sœur est religieuse, me disait
qu'il était *quatrième bœuf*. Qui s'en serait douté ? Un
jeune homme, nouveau chrétien, répondait à la
dénomination de *vilain chien*. Nous connaissons beaucoup de Chinois qui n'ont jamais pensé à deman-

der à leur mère la signification de leur petit nom ;
d'autres n'ont pu le savoir : la poésie en est trop
sublime.

« A Tchang-kéou, pendant toute la mission, je
dis la sainte messe dans une grotte-chapelle, mais
perfectionnée. Dans le sanctuaire, du côté de l'épî-
tre, s'ouvre une grotte latérale dans laquelle s'empilent les dames et les demoiselles sans crainte de frois-
ser leurs jupons, puisqu'un large pantalon leur en
tient lieu.

« Disons, en forme de parenthèse, que dans les
églises chinoises, comme dans les églises d'Italie, il
n'y a ni bancs, ni chaises, ni fauteuils. Les délicats
et les délicates apportent avec eux un paillasson ou
une peau de bête sur lesquels ils s'agenouillent. Le
prêtre va-t-il prêcher ? Chrétiens et chrétiennes se
laissent aller selon la loi de la pesanteur des corps
et les voilà solidement assis à la manière des tailleurs.
Peut-on imaginer rien de plus simple ?

« L'habitation du Missionnaire est dans le même
style que l'église... Il n'y a ni plafond, ni parquet,
ni lambris d'aucune sorte. Si le *palazzino* est trop
enfumé, on le gratte et tout paraît neuf. Ces cellules,
éminemment franciscaines, sont très confortables
pendant l'hiver ; mais, pendant l'été, quelques-unes

sont si fraîches qu'on y entretient du feu. Parfois, quoique rarement, des éboulements se produisent ; ces éboulements commencent presque toujours par la porte ou la prétendue fenêtre. Quand ils ont eu lieu, la famille se hâte de se creuser ailleurs un autre hôtel. Je crois n'avoir pas encore passé un seul jour dans ces habitations souterraines sans avoir eu des réminiscences de ma jeunesse. Est-ce que Hugolin et son catéchiste dans leur grotte ne représentent pas un peu Robinson Crusoé et son célèbre compagnon Vendredi ?

« Je passai les fêtes de la Pentecôte à Chouei-Kéou, où je fis faire la première Communion à une grande jeune fille de douze ans ; sa sœur en a quatorze et leur père trente. Vous lisez bien : trente ans. Dans la même localité, j'ai fait connaissance d'une excellente et vraiment patriarcale famille. Le chef, qui est le catéchiste de Chouei-kéou, fort riche, a plusieurs filles mariées ; elles font partie d'une autre famille et on ne s'en occupe plus. Mais il a dans sa maison ses quatre fils, tous mariés ; de ces fils, il a huit petites-filles et cinq petits-fils, soit treize petits-enfants et, si sept autres n'étaient montés au ciel, il en aurait vingt. A la fin de la Mission, un quatorzième petit-fils a été donné au patriarche par son quatrième fils. Grande fête dans la bonne famille !

« Le grand'père a donné au bébé le petit nom de *Hoei chi-tsen*, ce qui veut dire : *Bonheur pendant la mission*. Voilà donc mon passage à Chouei-kéou perpétué.

« Ne croyez pas que dans cette grande famille il y ait des poitrinaires ou des rachitiques.

« Tous, me disait le patriarche, savent manger beaucoup. »

« La *matriarche*, sa femme, personne très vénérable et très pieuse, est tertiaire franciscaine.

« Vous remarquerez que les Chinois se marient jeunes ; souvent nos chrétiens n'attendent que l'âge fixé par l'Église. Mais comme un fils, même marié, avec enfants et petits-enfants, ne quitte jamais son père de son vivant, ces jeunes ménages n'ont aucun inconvénient.

« Voici longtemps que ma lettre est sur le chantier, mais si elle a chômé, moi je n'ai pas chômé. En ai-je fait des tours et des détours, le jour et la nuit, dans les montagnes de Jan-tchu-tchien.

« A Toung-ko-liang, par exemple, combien ai-je couru sur le dos d'un âne ! Ce hameau est le plus curieux que j'aie jamais vu. Il est absolument invisi-

ble ; il n'y a pas une maison, pas même une construction quelconque. Tout le monde, en effet, habite
sous terre. La basilique n'a d'autre ouverture que la
porte. Mon petit salon avait trois meubles en dehors
du poêle-lit, savoir : une chaise, une petite table,
qui fut neuve, et au fond de la grotte, une planche
qui, posée sur deux grands vases remplis de grains,
supportait la sacristie, le vestiaire et la bibliothèque
du Missionnaire.

« Pour les exercices, comme il n'y a pas de cloche, un gamin allait battre le tam-tam sur le plateau
de la montagne et tout le monde accourait.

« Que de poésie pour un Missionnaire dans ces
montagnes du Jan-tchu-tchien ! Partir à 9 heures
du soir du hameau invisible, descendre la montagne
sur un misérable petit âne, traverser une vallée dans
un char qui, à la saison, sert à transporter toute
autre chose que des légumes d'Occident, escalader
une montagne de rochers, *à poil* sur un vieux cheval, arriver à 2 heures du matin près d'une mourante, la confesser, lui donner l'Extrême-Onction,
l'indulgence, le Viatique, dire la sainte Messe et
retourner à son poste par le même chemin, voilà
une nuit blanche et une journée noire.

« Voulez-vous un échantillon d'un autre genre ?

Arriver à 7 heures du soir au hameau invisible, voir
chrétiens et chrétiennes réunis devant la grotte-basi-
lique, entendre les bonnes femmes pleurer parce
qu'elles se figurent toujours ne plus revoir le prêtre, les chrétiens chanter leurs prières d'actions de
grâces et demander la bénédiction du Missionnaire,
être conduit dans la grotte-salon, y recevoir les
prostrations, le thé et la pipe indispensables, puis,
partir immédiatement pour voir une malade à une
demi-lieue de là, par un chemin sur le bord des
précipices, imprudent *même pour les ânes* ; au retour,
alors qu'il n'y a pas de lune, suer à grosses gouttes
par appréhension des casse-cou ; le lendemain, après
la Messe, porter le saint Viatique, être rafraîchi par
la pluie, être si las qu'on pense à s'asseoir au bord
d'un précipice pour y attendre la mort ; enfin, Dieu
aidant, rentrer à 7 h. 1/4, se jeter sur son poêle (1),
pour ne se réveiller qu'à 9 h. 1/2. — *O dolcissimo
riposo!* — voilà la vie pour le bon Dieu ! »

(1) Le *kan*, sorte de poêle chauffé par dessous, sert de
lit aux Chinois et aux Missionnaires.

CHAPITRE V

UN CURÉ CHINOIS

Une paroisse du Céleste-Empire. — Le typhus. — L'infanticide en Chine. — Un maçon non franc-maçon. — Premier de l'an par ordre de l'empereur. — Les exploits de Blanc et Noir. — La punition d'un insolent.

E P. Hugolin ne devait pas rester longtemps dans les montagnes du Jantchu-tchien. Vers le milieu de 1887, le Père Missionnaire de Ké-léao-kéou fut subitement frappé d'apoplexie. La cure de ce village était une charge délicate qui demandait des soins multiples et vigilants. Mgr Grassi qui, nous l'avons dit, remplaçait Mgr Moccagatta, cassé par l'âge et les infirmités, nomma le P. Hugolin à cette cure.

Ce fut un gros sacrifice pour notre Missionnaire, qui dut renoncer à tous ses goûts. Voici comment il annonça aux siens sa nomination.

« Ainsi donc, il y a du nouveau. Je ne remonte pas dans mes montagnes. Une deuxième attaque d'apoplexie a enlevé le bon vieux Père chinois, curé de Ké-léao-kéou, dont j'ai été le vicaire pendant quatre mois ; de là datent les changements survenus dans ma position sociale ; me voilà tout à coup un gros monsieur ; Monseigneur a cru devoir me bombarder directeur de son petit séminaire, directeur des orphelinats, directeur de l'imprimerie du vicariat ; ajoutez curé de la paroisse, et visiteur suprême des malades du district. J'ai, certes, autant d'occupations que je veux en prendre ; cependant, je ne suis pas dépassé ; car j'aime l'activité.

« Parmi les établissements de la paroisse, j'ai surtout à m'occuper du petit séminaire. Les autres services sont administrés par des maîtres et chacun d'eux n'a pas moins de quarante ans. Au-dessus d'eux tous, trône le premier maître. C'est un homme de quarante-huit ans ; il est de ma taille, mais je suis bien mince à côté de lui, tant il est gros et fort. Aussi, si vous voyiez comme il fait manœuvrer tout son monde, depuis les plus petits garçons de six ans jusqu'aux plus grands de vingt-cinq. Tous les matins, au sortir de la messe, il assigne aux maîtres le travail de la journée, et, après le déjeûner, charretiers et attelages vont aux champs. Parmi les orphelins, les uns s'y rendent également ; les autres s'occupent

dans la ferme, chaque brigade avec son maître. Rien
n'est plus joli que de voir comment le premier maître sait utiliser les petits bras des gamins.

« L'hiver, tout ce monde-là étudie le catéchisme
et les livres de doctrine. Nous avons pour cela, dans
la maison, un vieux maître d'école en retraite, qui
est comme la maman des petits enfants.

« Notre premier maître, donc, est un procureur,
un intendant, qui veille à tout et fait même les con-
tracts d'achat et de vente ; mais... il n'a pas la caisse.
S'il veut cinq sous, il doit me les demander et me
dire pourquoi ; c'est de haute prudence. Cette règle
est aussi ancienne que l'orphelinat.

« Vous voyez que, pour ce qui est de la ferme et
de l'imprimerie, il suffit que j'aie l'œil ouvert. Je
fais ordinairement, deux fois par jour, une visite pastorale dans toute la maison, dans les champs, et le
reste du temps, je fais la classe aux séminaristes et
m'occupe de la paroisse.

« Ké-léao-kéou compte environ cinq cent cinquante habitants, tous chrétiens de longue date.
Ma résidence renferme cinquante-cinq orphelins,
maîtres ou domestiques ; la maison des Religieuses,
qui n'est séparée de la résidence que par l'église et la
rue principale, abrite six vierges et quatre enfants

de la Sainte-Enfance, total : soixante-cinq bouches à remplir, trois fois par jour. Dans la paroisse, il y a deux écoles ; nous ne sommes donc pas plus en retard que les républicains de France. Par contre, ici M. le Curé ne peut pas avoir de difficultés avec M. l'Instituteur ni avec Mme l'Institutrice. M. l'Instituteur est un bachelier, décoré du globule doré, et qui cumule, en outre, les fonctions et les revenus de médecin et de pharmacien. C'est un très digne et savant personnage. La maison d'école est la propriété de la mission et je dois servir, chaque année, à M. l'Instituteur, une subvention de vingt ligatures, soit environ cent francs. Ainsi, je le tiens *par la bouche*.

« Mme l'Institutrice se nomme Maria ; elle est Religieuse, et l'école est encore la propriété de la mission. Elle ne doit point recevoir d'argent de ses élèves, non plus que les autres Religieuses ; je dois leur fournir entretien et nourriture ; ainsi, elles aussi, je les tiens *par la bouche*.

« La grande autorité de Ké-léao-kéou, c'est le chef du village, M. Kao, comme qui dirait M. le Maire. Il est nommé à vie, au suffrage restreint, et est reconnu par le gouvernement. M. Kao est un très riche cultivateur, mon meilleur paroissien, mon premier catéchiste, enfin le premier membre du conseil de fabrique (pour ainsi dire) ; car l'entretien de l'église, menues réparations, blanchissage, cire, est à la charge de la chrétienté. Il y a même des frais de culte. Ainsi, tout mariage célébré à Ké-léao-kéou doit verser au premier catéchiste cinq francs. Ces frais, ajoutés à la cotisation annuelle imposée par le premier catéchiste sur le blé et le millet récoltés par chaque habitant, forment la caisse de la chrétienté, dont M. le Curé reçoit une certaine somme déterminée par Mgr l'Évêque et M. Kao.

« Ce M. Kao cumule donc l'autorité civile et l'autorité religieuse, ce qui ne l'enorgueillit nullement. C'est un bon petit saint homme qui assiste chaque jour à la messe et est très aimé de tout le monde. A toutes les grandes fêtes, il vient avec son collègue, M. Ki, deuxième catéchiste, à une partie du dîner de M. le Curé, puis ils dînent ensemble à la résidence avec le premier maître, ce dont ils sont très fiers.

« Selon le cérémonial chinois, aucun chrétien ne peut manger, ou boire, ou fumer, en présence d'un prêtre. C'est la règle observée pour les mandarins et fonctionnaires par leurs administrés.

« Je suis bien loin de la vie missionnaire, courant de droite et de gauche par tous les temps, sous le soleil et la pluie. Les neuf années que j'ai passées à Bordeaux, au collège séraphique, m'ont valu ce poste au milieu d'enfants et de jeunes gens, poste que je n'ai recherché, ni désiré, encore moins sollicité d'aucune manière. Il n'est pas dépourvu d'embarras, de tracas, de préoccupations et de difficultés ; mais, tout cela c'est pour mes menus plaisirs sur la terre et pour ma couronne au ciel.

« Les ennuis ne nous manquent pas dans notre vicariat. Le mandarin préposé aux examens des lettrés dans notre province s'étant avisé d'empêcher les candidats chrétiens de passer l'examen, ce qui est contraire aux traités sur la liberté de la religion, Monseigneur avait envoyé porter plainte à Pékin. Grâce au ministre de France, l'affaire a très bien marché et le mandarin va être changé. J'ai été chargé d'écrire une belle lettre de remerciements au consul français, ce dont je me suis acquitté avec joie. Espérons que tout ira bien maintenant sous ce rapport-là.

« Depuis quarante jours, la mort m'a enlevé six paroissiens ou paroissiennes. Le numéro six est mort hier dans la nuit. Personne ne le savait malade. Aussi, dimanche, lorsque la cloche de l'église, après avoir sonné le lever de la paroisse, annonça un trépas, tous les chrétiens se précipitèrent, demandant qui était décédé. A la messe paroissiale, au lieu du prône ordinaire, je fis une improvisation terrible sur la mort subite. Mes Religieuses m'ont dit en avoir tremblé. Pourtant, mon dernier paroissien avait eu le temps d'être administré ; pendant la nuit, son fils était venu me chercher et j'avais pu donner l'Extrême-Onction au mourant. Actuellement, j'ai encore deux malades qui ont reçu les derniers sacrements.

« La cause de cette mortalité est une épidémie de typhus, maladie contagieuse..., excepté pour les curés. D'ailleurs, je prends les précautions voulues. J'ai acheté chez le premier pharmacien de Taï-uien-fou, un remède *infaillible* contenu dans une petite fiole bleue : c'est une poudre rouge qu'on se met dans le nez comme une prise de tabac. Il y a beaucoup de camphre dedans ; le camphre est très employé dans la médecine chinoise ; peut-être que M. Raspail avait su lire les livres chinois avant de devenir illustre. Quoi qu'il en soit, notre épidémie de typhus est attribuée à la douceur de l'hiver. Le thermomètre n'indique que treize degrés de froid.

« J'ai failli voir mourir aussi le plus âgé de mes séminaristes. Il était sans connaissance, atteint subitement d'une angine couenneuse. Sur l'avis du médecin, je lui donnai l'Extrême-Onction, et peu après, on parvint à lui desserrer les dents et à lui faire absorber une médecine. Ce fut son salut. Quelques jours après, il était atteint du typhus. J'avais grande frayeur de voir tous mes autres gamins sur le dos ! Grâce à la bénédiction du bon Dieu, ils ont soigné leur camarade de telle sorte qu'il se rétablit, et aucun autre n'a été malade.

« Parmi les enfants qui grandissent dans l'orphelinat, les uns sont vraiment orphelins, soit de père, soit de mère, soit de l'un et de l'autre ; les autres sont des fils de païens mis en vente par leurs parents et achetés par les Missionnaires. Il est fort rare que les païens, s'ils ne sont pas des fumeurs d'opium ou de grands criminels, exposent ou vendent leurs petits garçons. Hélas ! on n'en peut dire autant pour les petites filles. Leur naissance est souvent regardée comme un malheur, une malédiction du ciel. Aussi quelques familles païennes ne gardent qu'avec peine plus de deux filles. Passé ce nombre, on s'en défait même, dit-on, avec facilité, soit en les jetant dans un trou qui contient les cendres tirées du foyer, soit en les plongeant dans l'eau. Quelquefois la mère, (car c'est elle qui, prétend-on, accomplit l'horrible besogne) étouffe sa propre fille en l'écrasant sous son dos ou en lui mettant un poids sur la poitrine. Un jour, dans mes montagnes, un néophyte me demanda de prier pour la conversion de sa sœur aînée, femme mariée, âgée de trente-cinq ans.

« Elle a bien besoin de se convertir, me dit-il.

« — Et pourquoi ? lui demandai-je.

« — Père spirituel, me répondit-il mystérieuse-
« ment, son premier enfant naquit difforme ; ma
« sœur demanda un couteau et coupa la gorge de
« son fils. Quelques années plus tard, elle mit au
« monde un deuxième enfant également difforme,
« et elle s'en débarrassa comme du premier.

« — Oh ! oui, lui dis-je, à mon tour, elle a bien
« besoin que le baptême lave ses horribles crimes ;
« mais, tu ne lui as jamais parlé de se faire chré-
« tienne ?

« — Je lui en ai parlé et même elle avait com-
« mencé à étudier la religion ; mais sa belle-mère
« s'y opposa formellement. Tant que cette païenne
« enragée vivra, il n'y a pas d'espoir que ma sœur
« se convertisse. »

« Dans son livre sur l'*Empire chinois*, M. Huc croit devoir nier que les Chinois jettent jamais en pâture leurs enfants soit aux pourceaux, soit aux chiens. La preuve qu'en donne cet excellent homme c'est que, pendant les quatorze années qu'il a passées dans l'empire chinois, il n'a jamais été témoin d'un pareil forfait.

« Ce que M. Huc n'a pas vu, *je l'ai vu de mes propres yeux, du moins une fois.*

« Le 12 mai 1886, dans l'après-midi, je traversais des terrains vagues situés entre le champ de manœuvre et la caserne de cavalerie de Taï-uien-fou ; j'étais en compagnie du P. Théodoric et du catéchiste chinois Paul Pei. Tout à coup l'indigène s'écria : « Un chien qui mange un enfant ! » Et nous, de nous précipiter dans la direction indiquée. A notre approche, le chien s'enfuit. Quel spectacle !... La pauvre petite créature était à demi-dévorée.

« Les enfants que nous recueillons sont mises en nourrice pour être reprises plus tard dans l'orphelinat que dirigent les vierges chinoises. »

Ces vierges indigènes ne donnaient pas au P. Hugolin toutes les consolations qu'il eût désirées. Il sentait qu'elles n'étaient point suffisamment formées à la vie religieuse. Mgr Grassi le voyait également, et tous deux caressaient le rêve d'avoir, un jour, des Religieuses d'Europe pour achever de former à la perfection les vierges du Chan-si. Dès le mois d'août 1888, le P. Hugolin écrivait au Très Révérend Père Raphaël.

« Les vierges indigènes sont bonnes ; mais à la façon des jeunes filles pieuses de l'Auvergne, de la Bretagne ou du Cantal. En fait, elles sont encore peu au courant de la vie religieuse proprement dite ; l'organisation et le fonctionnement d'une communauté sont un peu *de l'hébreu* pour elles. Vous m'excuserez, Très Révérend Père, de parler ainsi, quand vous saurez que, depuis plus d'un an, j'ai dans mes attributions la vigilance sur un orphelinat de filles. Il est vrai que ces bonnes vierges n'ont jamais été formées par personne ; probablement que, sous la direction patiente de Sœurs européennes, nos indigènes finiraient par devenir parfaites ! »

Quelques mois plus tard, il revenait sur cette pensée :

« Quand donc, écrivait-il encore, quand donc aurons-nous des Religieuses européennes pour faire de nos vierges des Religieuses dans toute la force du terme (1) ? »

(1) Au début de l'année 1899, Mgr Fogolla, coadjuteur de Mgr Grassi, ramenait d'Europe sept Franciscaines Missionnaires de Marie destinées à l'orphelinat de Tai-uien-fou, celles-là même qui ont été massacrées, en 1900, en même temps que les deux évêques.

Des œuvres de Ké-léao-kéou, celle que le P. Hugolin affectionnait particulièrement était le petit séminaire. Former des prêtres pour l'Église de Chine était sa consolation ; il s'y donnait avec amour, y trouvait, pour ainsi dire, une compensation à cette vie active du Missionnaire qu'il eût tant aimée et dont il était désormais privé ! Les bâtiments du séminaire étaient délabrés ; la santé des futures lévites pouvait en souffrir, le Père Curé résolut d'y remédier. N'épargnant ni labeur ni fatigue, il édifia un nouvel établissement qui fut achevé le 8 septembre 1888.

« Depuis la rentrée des classes, écrit-il alors, j'ai un séminaire neuf, dont la construction m'a assez fatigué. Mais enfin tout est fini. Le séminaire est agréable et les enfants y sont commodément logés. C'est surtout très propre, et tant que je serai directeur, la propreté y restera. Monseigneur m'a fait cadeau de vitres (luxe sans égal), et deux élèves du grand séminaire sont venus peindre les fenêtres, les portes et le bout des poutrelles sous les tuiles : c'est la mode en Chine. J'ai bénit les nouvelles constructions, le jour de la Nativité de la sainte Vierge, et, le lendemain, nous les avons inaugurées par un grand dîner. Le soir, les enfants ont opéré leur déménagement avec beaucoup de gaieté. Auparavant, j'avais permis aux dames de Ké-léao-kéou d'y venir faire une visite. L'une d'elles me dit : « Père, c'est aussi « beau que le ciel. » Jugez donc si c'est magnifique… et pas cher. Pour douze sous par jour, sans nourriture, on a autant de manœuvres qu'on en veut ; pour dix-sept, on a des maçons et des charpentiers ; le maître reçoit journellement vingt sous. Grâce à DIEU, nous n'avons pas eu d'accidents. »

Ce fut dans ses multiples occupations de directeur, de curé et de maçon, — non franc-maçon, — que le P. Hugolin acheva l'année 1888.

« L'empereur de Chine, écrivait-il bientôt après, avait décrété que le premier de l'an serait, cette année, le 31 janvier et l'année prochaine, le 21 du même mois. Vous comprenez que c'est un empereur puissant, et il n'a que vingt ans ! Je crois que, lorsqu'il sera un peu plus vieux, il décrétera de même la pluie et le beau temps.

« Or, pour me préparer au premier de l'an, j'avais acheté pour trente francs de noix, de façon à en donner douze à chaque paroissien et paroissienne, et des figues et des pâtisseries sèches destinées à mes gamins. Un curé doit faire les choses en grand !

« Donc, le 31 janvier, j'ai coiffé mon chapeau noir à houppe rouge, j'ai chaussé mes grandes bottes

et, sur mes habits, j'ai endossé un grand pardessus
en soie doublé de belles peaux. (Monseigneur me
l'avait prêté pour ce jour-là.) C'est dans ce bel équipage que j'ai daigné recevoir, au son des pétards et
de l'artillerie, les neuf prostrations que mes administrés sont venus me faire dans la matinée et mes
administrées dans l'après-midi. En récompense, je
leur ai fait distribuer onze mille noix ; ce n'est pas
trop pour payer une telle comédie.

« Comme les fêtes à l'occasion du jour de l'an
durent quinze jours, les missions sont impossibles
pendant ce temps, qui est réservé pour la retraite
ecclésiastique. Voilà pourquoi, le 1er février, je laissai
la paroisse sous la garde de Dieu et du premier
catéchiste et je partis pour la retraite jusqu'au samedi
suivant.

« Au retour, les visites n'ont pas manqué à M. le
Curé. J'en reçois de toute espèce. C'est un séminariste, c'est un maître, c'est la Supérieure de mes
Religieuses, c'est un paroissien, c'est une paroissienne, une nourrice de la Sainte-Enfance... Ces vénérables nourrices ne manquent pas de me visiter tous
les mois ; elles me donnent des nouvelles du petit
populo, et, surtout, elle me tendent leur livret, sur
lequel j'écris en caractères chinois ; puis je leur donne

à chacune au moins... huit cents sapèques, soit un peu moins de quatre francs. Avec cela, elles doivent nourrir et habiller la petite fille. De temps à autre, je vais inspecter de *visu* le nourrisson, sans me faire annoncer : excellent système pour tenir les gens dans leur devoir.

« Ma plus belle visite, après la retraite, a été celle de Mgr Grassi, qui a passé six jours avec moi. Quelle fête ! Mes paroissiens ont voulu faire plaisir à Monseigneur leur Coadjuteur et à Monsieur leur Curé. Tous les chasseurs de renom se mirent donc en campagne ; je dus même prêter le fusil de la résidence. M. Ki, deuxième catéchiste et chasseur intrépide, a abattu deux lièvres à lui tout seul. Ils ont figuré sur la table épiscopale ! Figurez-vous que les artistes sans fusil se sont également mis de la partie. Un jeune berger m'a apporté une belle perdrix qu'il avait assommée d'un coup de bâton. Un autre a tué huit moineaux avec des cailloux. Mais le plus bel exploit fut celui de Blanc et de Noir. Écoutez :

« Deux de mes paroissiens sont très amis, malgré l'opposition de leur nom de famille ; l'un s'appelle *Blanc*, l'autre *Noir*. Or, Blanc et Noir chassent les renards dont la peau se vend très cher. Pour ne pas endommager la fourrure, ils délaissent le fusil et se servent de jujubes cuits, enduits d'un poison si violent qu'une bête ne peut faire dix pas, après en avoir mangé, sans éprouver la colique.

« Donc, un soir, Blanc et Noir avaient été porter leurs jujubes dans plusieurs gorges de la montagne. Le lendemain, en approchant d'un de leurs postes, ils aperçurent une bête qui leur parut plus grosse qu'un renard. Blanc et Noir devinrent pâles de frayeur. Cependant, ils s'enhardirent, crièrent ; le prétendu renard ne bougeait point. Les hommes s'approchèrent, jetant des pierres devant l'animal, toujours immobile. Enfin, étant arrivés au lieu où la bête gisait, ils reconnurent qu'ils n'avaient point devant les yeux un renard, mais un magnifique léopard.

« Lorsque Blanc et Noir se furent assurés qu'il était bien mort, ils se mirent à fumer la pipe pour revenir de leur frayeur. La bonne aubaine ! Une peau de léopard, cela se vend cher, et Noir devait justement se marier dans quelques semaines. Eh ! le prix de la peau embellira la noce ! Les deux amis rentrèrent au village, et, avec une nombreuse escorte d'hommes et d'enfants, vinrent faire admirer leur chasse à M. le Curé !

« La peau fut vendue un joli prix : ce léopard était

magnifique, et puis, songez-y : quelle chasse ! Tuer un léopard, et, sans le vouloir ! »

A propos de chasse, il ne sera pas sans intérêt de reproduire l'amusant récit que le R. P. Hugolin envoyait aux Séraphiques de Bordeaux :

« Assis à l'ombre de ces platanes que vos devanciers ont vu planter en novembre 1875, vous trompez souvent par des récits les longueurs de vos récréations.

« Je me permets de venir m'asseoir dans votre cercle, et je vais, avec votre permission, vous raconter une histoire vraie et toute récente. Cette histoire, on peut l'appeler : *La punition d'un insolent.*

« D'abord, il vous faut savoir que, dans l'une des extrémités de l'empire chinois, se trouve un certain village de cinq cent cinquante et un habitants (1), tous chrétiens. La paroisse possède un prêtre qui fait fonctions de curé, et parmi plusieurs autres œuvres, une maison de vierges, ou, si vous comprenez mieux, de Religieuses indigènes.

« Dans la cour de cette maison, se trouve un joli mûrier ; c'est là que va se passer notre histoire.

« Un corbeau, un vrai corbeau, gros et grand,

(1) Recensement du 1ᵉʳ juillet 1888.

s'était égaré dans ce pays. Je dis égaré, car, d'après
l'histoire naturelle des Buffons chinois, les corbeaux
n'habitent qu'auprès des eaux courantes et, dans
le village en question, il n'y a d'eau courante que
l'eau sale des ménagères. Les gamins et gamines,
depuis plusieurs semaines, avaient remarqué sur le
toit de l'église la présence de cet hôte insolite ; mais,
il était seul, le pauvre corbeau. Et comment faire
pour charmer ses loisirs ?

« Voici : il se prit d'affection pour les fruits du
mûrier des vierges. Il avait du goût, cet ami du bon
Jean La Fontaine, car les mûres étaient vraiment
bien bonnes. Naturellement, les dîners fins, qu'il se
payait au détriment des vierges, ne pouvaient plaire
à ces dernières.

« Elles lui dirent poliment, délicatement, de s'en
aller ; il fit le sourd.

« Elles lui intimèrent l'ordre de partir et de ne pas
revenir ; Monsieur du Corbeau ne voulut pas comprendre.

« Elles l'effrayèrent par de grands gestes : l'animal
noir leur rit au nez ; une jeune vierge lui jeta un
bâton, le corbeau leur lança des « couac... couac »...,
tout comme un anticlérical français, et continua à
manger les mûres. Était-il insolent ce corbeau !

« On alla porter plainte à la vénérable Supérieure. Celle-ci se dérangea ; mais le corbeau ne se dérangea pas. La Supérieure prit ses lunettes et lui lança des projectiles : le corbeau répondit par des « couac » et mangea les mûres.

« Ces escarmouches, préludes d'une grande bataille, duraient depuis plusieurs jours. Les jeunes têtes s'exaltaient, et le corbeau était toujours là, gourmand, insolent et impassible. C'était par trop fort !

« On tint conseil chez les Religieuses en pantalon et en veste ; on résuma les chefs d'accusation et on prit des résolutions. Une députation, choisie parmi les plus éloquentes, alla dénoncer à M. le Curé la conduite du corbeau. On voulait plus qu'une excommunication, on voulait plus qu'une capitulation, on voulait une réparation, on voulait une vengeance ; enfin, on dit le gros mot, on voulait la mort... oui, la mort du corbeau.

« Le Curé, homme débonnaire à ses heures, rit beaucoup au récit de ces démêlés. La députation religieuse ne rit pas, et fit entendre, avec finesse, que si M. le Curé ne se mettait pas en campagne contre Maître Corbeau, la cure serait privée du dessert que le mûrier lui fournissait... La situation se compliquait !

« Le Curé devint sérieux et promit aux filles d'Ève d'aller faire une enquête sur les lieux mêmes. Et, dans ses moments de loisirs, le directeur des Religieuses se disait à lui-même :

« Mais, ce corbeau, d'où est-il venu ? Où fut le berceau de sa famille ?... Certainement, cet insolent n'est pas d'origine française. Mais ses ancêtres n'ont-ils pas été se promener à Nevers ou dans les environs ? N'auraient-ils pas connu Vert-Vert ? Ou bien, ce corbeau, dans sa jeunesse, n'aurait-il pas entendu lire le chef-d'œuvre de Gresset ? C'est un corbeau, il suit la nature des corbeaux ; on ne peut donc lui faire un crime d'être vorace. Mais il est vraiment insolent, gouailleur. Il sait exaspérer les âmes consacrées à Dieu, tout comme faisait Vert-Vert. Il faut le convertir et lui donner une éducation sucrée, comme l'on fit à Nevers. Nous, pasteur, nous tenterons la chose pour la tranquillité de nos ouailles.

« Or, un beau matin, M. le Curé se rendit pour son service à la maison des Religieuses. Après avoir visité l'école des filles et donné le sacrement de Confirmation à quelques petites protégées de la Sainte-Enfance, qui voulaient s'envoler au ciel, il se transporta dans la cour de la communauté, la fameuse cour au mûrier.

« Maître Corbeau, sur son arbre perché, attendait, non pas le renard de La Fontaine, mais le prêtre de céans.

« Et les filles de saint FRANÇOIS par le Tiers-Ordre de s'écrier en chœur :

« Voyez, Père, il est là, toujours là, le gour-
« mand, le glouton, l'effronté, l'insolent, le maraud,
« le fripon, le voleur, le coquin, le vaurien, le
« pendard, le maudit !!! Il ne fait que nous railler,
« nous mépriser, nous insulter. Pour éviter la honte,
« nous ne sortons plus dans notre cour. »

« Lui, le corbeau, il regardait le Curé d'un air moqueur, tournant la tête à droite et à gauche.

« *Ts'ouo-kui-pa,* » (va-t-en,) lui dit doucement le pasteur.

« Couac ! » telle fut la réponse.

« *Ts'ouo-kui-pa,* » reprit le Curé un peu vivement.

« Couac, couac !!! » et pas d'autre réponse.

« Un léger incarnat colora le visage du prêtre. Les vierges souriaient de ce fin sourire qui disait :

« Notre bon Père porte l'étole, fait des exorcis-
« mes, chasse le diable et... il n'est pas capable de
« chasser un corbeau ! Peut-être va-t-il faire amitié
« avec lui, comme son Père saint FRANÇOIS le fit avec
« le loup de Gubbio, vorace et assassin... »

« Et l'indigne enfant de saint FRANÇOIS, tout pénétré de son importance pastorale, pensait en lui-même :

« Oui, il est vraiment insolent ; il m'a insulté ; il a méconnu mon autorité pastorale ; incontestablement, il faut, à tout prix, le faire déguerpir. Certainement, cet animal-là n'a pas été créé pour la civilisation ; qu'il aille donc dans la république des crocheteurs...

« Ramassant une pierre, il la lança avec fureur contre la bête noire. L'oiseau s'éleva de quelques centimètres, retomba sur sa branche favorite et, de nouveau, salua le pasteur de ses insolents « couac. »

« Vit-on jamais, en aucun lieu du monde, pareille audace !

« M. le Curé quitta les Religieuses sans les saluer; et courut à la résidence de toute la vitesse de ses jambes. Il revint bientôt portant un certain instrument. A cette vue, les vierges se précipitèrent dans tous les trous possibles, comme la gent trottemenu, lorsqu'elle aperçut Rodilard, l'Attila, le fléau des rats.

« Cet instrument si effrayant, ce n'était pas l'aspersoir paroissial. (Il est beau le goupillon de notre église ! A l'extrémité de l'un des bâtonnets qui servent à tout Chinois de cuillère et de fourchette, un catéchiste, d'intelligence supérieure, a lié une petite balle de coton, et voilà un aspersoir. L'eau bénite est contenue dans un vase en terre cuite à cou de cigogne). L'instrument si effrayant, devinez ce que c'était ?...

« Un instrument de musique, une clarinette, par exemple ?

« Non.

« Un instrument de chirurgie, un bistouri ?

« Vous avez presque deviné...

« C'était un fusil ; oui, un vrai fusil, et non pas un fusil de fantaisie, mais un vrai fusil de guerre, portant la couronne royale anglaise et le millésime de 1882. Le fusil de ce Curé-là, c'est un porte-respect qui effraie moins les pigeons que certains citoyens des villages voisins. Il est connu à deux lieues à la ronde. C'est un instrument rassurant pour la cure et même pour la paroisse ; et la nuit, MM. les pompiers n'ont pas besoin de monter la garde autour de la caisse de la Propagation de la foi et de la Sainte-Enfance.

« La guerre était déclarée. Guerre entre un Curé et un corbeau ! On en parlera dans l'histoire des siècles futurs. Dans quelques années, qui sait si les anticléricaux n'auront pas inscrit cela dans le programme de l'école spéciale militaire de Saint-Cyr.

« Quoi qu'il en soit, le Curé se mit à faire les préparatifs nécessaires. Il aurait pu fredonner sur l'air connu :

> Malbrough s'en va-t'en guerre,
> Mironton, tonton, mirontaine.

mais il avait en tête d'autres pensées. Le corbeau regardait attentivement. Quand tout fut prêt, il salua gracieusement, poussa un grand « couac! » et... disparut.

« Le guerrier en resta ébahi!

« Peu après, l'animal revint se percher sur sa branche, le bon Curé épaula.

« Couac! » jeta l'oiseau : il s'était envolé.

« Le pasteur n'en fut pas fier; il se mit en embuscade sous un jujubier, comme un tirailleur algérien. Bientôt le bourreau des vierges revint à tire d'ailes, se posa à peine, poussa un « couac! » et redisparut.

« Le Turco n'avait pas eu le temps de viser.

« Je vous le demande, avez-vous jamais entendu parler d'un corbeau si désobéissant, si insolent et si... intelligent ? — Non, je crois. Il faut être en

Chine, le pays, par excellence, des stupéfactions,
pour voir et entendre de tels êtres.

« Le Curé, l'arme en joue, l'œil sur le point de
mire et la branche favorite, attendait avec cette
patience que donne la soif de la vengeance. Le corbeau revint : avant qu'il eût le temps de se poser,
une détonation retentissait.

« L'oiseau s'éleva dans les airs, tourbillonna,
agita les ailes, et le chasseur vindicatif, se précipi-
tant hors de la maison, vit son blessé tomber dans
un champ voisin.

« Pour compléter la victoire, il fallait poursuivre
l'ennemi. Le chasseur courut vers le champ avec une
vivacité contraire à ses cheveux blancs.

« Il était encore fier, Maître Corbeau ; mais il ne
fut pas insolent. Il voulut s'envoler. Un coup de
crosse l'abattit par terre ; il était mort.

« La victoire était complète.

« Le vainqueur emporta son trophée ; son habit
gris et ses bas de toile blanche furent tachés d'un
sang qui lavait les offenses.

« De loin, les vierges avaient assisté à la bataille.
L'heureux triomphateur jeta le vaincu aux pieds de
la vieille portière, qui avait assisté de loin à la
bataille, en lui criant :

« Pendez, pendez cet insolent, comme Judas, dans
« votre mûrier. »

« Les timides Religieuses n'osèrent pas se souil-
ler de cette pendaison.

« Une heure plus tard, un paroissien annonçait
avec étonnement à son Curé qu'un corbeau, fraîche-
ment tué, gisait sur la voie publique, non loin de
la maison des vierges. »

Ces épisodes que le P. Hugolin racontait avec
tant d'humour étaient, pour ainsi dire, ses moments
de récréation au milieu d'une vie fort occupée.
Bientôt, il reprenait le récit de ses labeurs.

« Le jour de l'Assomption, écrivait-il, je n'espérais
baptiser que trois de mes orphelins. La récitation
du catéchisme et l'examen ont été meilleurs que je
ne m'y attendais, et j'en ai admis six à la grâce de
la régénération. Après la messe chantée et la distribution de soixante-cinq communions, nous avons
fait le grand baptême. Plus d'une mère chrétienne
a essuyé une larme en voyant mes six petits bonshommes devenir chrétiens. Le plus âgé a douze ans,
et le plus jeune est un gros géant de neuf ans. Ils
étaient gracieux à voir, avec le tour de la tête fraî-
chement rasé, la queue bien peignée, leur veste et
leur pantalon de toile bleue qu'eux-mêmes avaient

lavés la veille. Et, par un effort de générosité, le P. Directeur les avait chaussés chacun de pantoufles neuves. Ils étaient si contents ! »

Telles étaient les joies du Missionnaire ; écoutons-le maintenant nous dire avec quelle tendresse la Vierge Immaculée, Reine des Frères Mineurs, veillait sur cette portion du vaste Empire du Milieu ; comment, dans les montagnes du Chan-si, elle se montrait aussi miséricordieuse que dans les plaines ensoleillées de l'Ombrie.

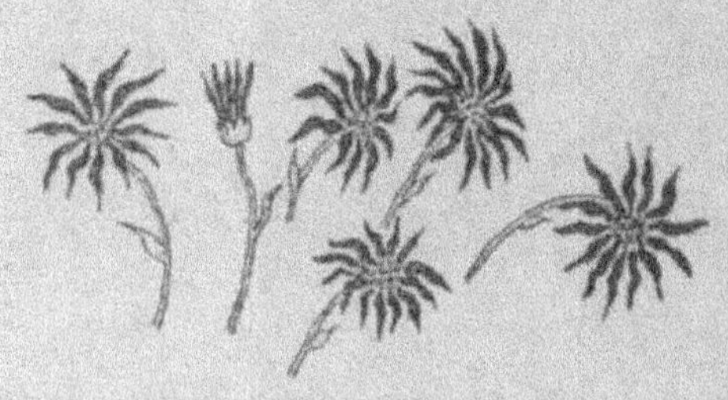

CHAPITRE VI

UN PÈLERINAGE COMME ON N'EN VOIT GUÈRE

La Portioncule chinoise. — La musique infernale. — Procession fantastique. — Retour triomphal.

Dans les montagnes nord-est de notre vicariat, écrivait, le 9 août 1889, le P. Hugolin au Révérendissime Père Général des Frères Mineurs, se trouvait, depuis des siècles, un sanctuaire de MARIE, très vénéré de nos chrétiens.

« Mais le temps, qui ne respecte rien, avait fort endommagé cette Portioncule du Chan-si. Elle menaçait ruines et ses gardiens eux-mêmes avaient disparu. Une quarantaine de chrétiens, qui s'étaient creusés des palais souterrains autour du sanctuaire, avaient été décimés, lors de la grande famine qui dépeupla notre province, il y a douze ans ; les survivants avaient émigré dans d'autres chrétientés et il ne restait plus que la vénérable famille du catéchiste pour perpétuer la tradition chrétienne en ce lieu.

« Mgr Aloysius Moccagatta, notre vénéré Vicaire apostolique, s'émut d'un tel état de choses ; il voulut restaurer ce sanctuaire ; restauration qui fut menée à bonne fin par son coadjuteur, Mgr Grégoire Grassi.

« Tout étant terminé, il s'agissait de bénir ce beau lieu de pèlerinage, le 2 août 1889, puisque le sanctuaire est sous le vocable de la Portioncule.

« Naturellement, Mgr Grassi voulut déployer une pompe digne des plus beaux rites de l'Église. Il parvint à disposer de cinq prêtres. Cinq prêtres, c'est facile à réunir en Europe ; ici, dans cet immense vicariat, il faut des prodiges pour arriver à un tel nombre.

« Dès le 26 juillet, deux prêtres chinois partaient, comme avant-garde, pour disposer les choses. Monseigneur se mit en route, le 30, suivi d'un prêtre chinois, d'un diacre, de deux autres séminaristes et de votre serviteur.

« Après une nuit de repos à Houm-Kéou-tzen, nous arrivâmes à la montagne. L'ascension en est vraiment difficile. Je suis monté sur les montagnes qui dominent Lourdes ; j'ai fait l'ascension de l'Alverne ; j'ai gravi le Thabor ; et je vous assure que la montagne de notre Portioncule est plus rude et plus dangereuse que celles de ces trois illustres pèlerinages.

« Enfin, après deux heures de pénible équitation, nous voyons devant nous l'église se détacher, svelte et gracieuse. L'explosion de trois petits canons salue l'arrivée de Monseigneur.

« Il y a quelques années, les loups infestaient cette chaîne de montagnes. Les léopards survinrent, mangèrent les loups et s'installèrent, à leur place, seigneurs et maîtres. Quelquefois, ils sont gracieux et obéissent aux intentions de la bonne Providence ! Ainsi, la veille de l'arrivée de Monseigneur, un léopard étrangla un jeune taureau, et la chair de cet animal fut la bienvenue sur la table épiscopale.

« Après les prières d'action de grâces, chacun pensa à revêtir des vêtements plus chauds. La montagne est si haute que l'atmosphère y est froide. Le panorama est, par ailleurs, magnifique. Des nuages sont sur votre tête et des nuages passent sous vos pieds. Tout alentour, on ne voit absolument que des herbes d'un vert pâle et des arbustes rabougris qui végètent entre les pierres. Plusieurs fois par jour, on est rafraîchi par les nuages qui passent à hauteur du sanctuaire et qui déposent leur brouillard. Le vent souffle avec une telle violence, qu'il faut laisser une grosse toile devant les fenêtres, pour en repousser le sable et les petits cailloux.

« Le directeur des travaux m'a dit avoir vu, en temps de grand vent, ses ouvriers obligés de marcher à quatre pattes, pour éviter d'être renversés. L'hiver, on devine ce qu'est le froid à une telle altitude.

« L'église, bâtie sur le rocher même, est de style roman à trois nefs. La façade, surmontée de deux clochetons, est la reproduction en miniature de l'église Saint-Louis de Versailles. Les portes, les colonnes, les chapiteaux, sont en briques sculptées, et font le plus grand honneur au directeur des travaux, le catéchiste de Li-iou-ken.

« Dans la matinée du 1er août, les pèlerins commencent à arriver de tous côtés, en chantant les litanies de la sainte Vierge. Plusieurs avaient dû faire, pour venir, trois jours de voyage à pied et, dans leur nombre, il y avait des femmes. Or, pour comprendre tout le mérite de ces dernières, il faut se rappeler que les femmes chinoises suppriment plus ou moins leurs pieds, dès leur bas âge.

« Dans la soirée, le spectacle devint touchant. Les montagnes s'animèrent comme par enchantement. Tous les échos redisaient les litanies de la sainte Vierge, et de tous les sentiers débouchaient gravement des pèlerinages. La députation d'une chrétienté

était-elle aperçue sur la crête d'une montagne ? Une
bande de pèlerins partait à sa rencontre et, par honneur et charité, s'emparait de la croix de procession
de cette chrétienté. L'écho d'une musique annon-
çait-il l'approche d'un grand pèlerinage ? Les musiques déjà arrivées allaient à sa rencontre pour le
conduire au sanctuaire. Chaque pèlerinage était
suivi des dames pèlerines, perchées avec dignité sur
leurs mulets et sur leurs ânes. Tous, hommes et
femmes, chantaient à tue-tête les litanies de la sainte
Vierge, avec accompagnement de leur musique, s'ils
en avaient, et leurs chants d'actions de grâces se
prolongeaient longtemps dans l'église.

« La nuit fut magnifique. Les visites, les chants,
les prières, ne cessèrent pas ; les six musiques instru-
mentales présentes se remplacèrent successivement
pour soutenir la piété des fidèles par leurs bruyantes
harmonies. Quoique beaucoup de chrétiens eussent
fait plusieurs jours de marche, les hospitalités étaient
presque désertes et l'église remplie de gens en prière.
On m'a dit que, dans la partie réservée aux femmes,
l'ardeur était si grande que, si l'une d'elles s'assou-
pissait, les autres la secouaient brusquement, par
zèle, sans doute, pour les âmes du purgatoire.

« La première messe eut lieu à 3 heures du matin

et les autres se succédèrent jusqu'à 7 heures. Une musique joua pendant chaque messe ; cinq cent trois pauvres montagnards du Chan-si reçurent la sainte communion.

« Vers 8 heures, on sonna la cloche, on battit les tam-tams ; les six musiques se rangèrent sous les croix de procession aux rubans multicolores ; les prêtres, les séminaristes, les catéchistes, revêtirent leurs surplis, et tous allèrent en silence inviter Monseigneur pour la messe pontificale. On vit alors ce qui n'est pas permis dans toutes les villes d'Europe : la plus pittoresque et la plus retentissante procession conduisit Monseigneur à l'église, au milieu de la foule compacte des chrétiens massés sur le parvis. Monseigneur avait revêtu les ornements pontificaux et bénissait les fidèles prosternés.

« Une messe pontificale n'avait jamais eu lieu dans ces montagnes, et je vous laisse à penser les yeux de ces braves chrétiens, quand ils virent les catéchistes porter, comme dans les grandes cathédrales, les habits sacrés du pontife à son siège ; quand ils virent les fonctions faites par un prêtre assistant en chape, par un diacre et un sous-diacre en jolies dalmatiques ; quand ils entendirent la musique instrumentale alterner avec les chants sacrés de la liturgie, fort bien exécutés par nos séminaristes et quelques catéchistes.

« Après l'Évangile, Monseigneur, en mitre et la crosse à la main, fit le sermon au milieu du silence le plus recueilli et donna ensuite la bénédiction avec indulgence plénière.

« Le moment de la consécration fut saisissant. Lorsque Jésus-Hostie descendit dans les mains du pontife, la cloche sonna, les tam-tams retentirent, les musiques jouèrent, au dehors les petits canons et les pétards éclatèrent. Et quand cet hommage rendu au Dieu incarné cessa, l'émotion était si grande dans l'église qu'on n'entendait plus une respiration. Les païens qui étaient hors du temple gardaient un silence ému et respectueux.

« Après la messe et la bénédiction du saint sacrement, Sa Grandeur fut reconduite à ses appartements avec la même pompe qu'avant la messe. Là, tous les chrétiens vinrent deux à deux faire la prostration et baiser l'anneau de l'évêque entouré de ses prêtres. Pendant cet hommage, les musiques épuisaient leur répertoire. Les visites à l'église et les chants continuèrent toute la journée. »

La Madone des anges ne tarda pas à accorder une faveur signalée aux chrétiens du P. Hugolin. Voici comment lui-même la relata :

« La sécheresse était fort grande ; la moisson d'automne (1) allait être compromise. Le millet qui,
dans vos pays civilisés, est réservé pour les petits
oiseaux, mais qui, dans le nord de la Chine, est la
nourriture des habitants, comme le riz dans le centre
et le midi, le millet, dis-je, était en grande souffrance.

« Les habitants de Ké-léao-kéou se tournèrent
vers le souverain Seigneur du ciel et de la terre. Les
catéchistes, comme qui dirait MM. les Marguilliers,
demandèrent trois messes au P. Mathurin (2), leur
pasteur, et toute la chrétienté fit trois jours de prières publiques. Le bon DIEU ne crut pas devoir accorder la pluie si désirée.

« Une vingtaine de pieuses dames montèrent alors
sur des mulets et des ânes et se rendirent en pèlerinage à notre sanctuaire de la sainte Vierge.

« On croyait que le bon DIEU entendrait les prières de ces personnes pieuses, mais il resta sourd.

« Le *siao-mi* (millet), les *hi-teou-tzeu* (haricots
noirs pour la nourriture des bêtes de somme), le
in-kia-tzeu (maïs) étaient si desséchés, que le man-

(1) En 1890.
(2) Le P. Hugolin se désigne lui-même sous ce pseudo-
nyme. Il envoyait son article à la *Revue franciscaine*.

darin civil défendit, sous les peines les plus sévères, de tuer des animaux et de vendre de la viande pendant trois jours. C'est ainsi que, par ordre des sous-préfets, les païens font abstinence pour obtenir la protection du ciel. Pendant ces trois jours, les dépositaires de l'autorité publique allèrent dans les pagodes faire des prostrations devant les idoles, brûler des bâtonnets d'encens et se livrer à toutes sortes de superstitions, pour le bien de leurs peuples. Leurs sujets, en ces circonstances, vont les voir opérer, mais se gardent bien de les imiter ; car la logique chinoise leur fait comprendre que les mandarins doivent avoir des cœurs de pères. C'est pour cela, au reste, qu'ils reçoivent un traitement, et la dévotion des fonctionnaires doit suppléer au manque de dévotion de leurs administrés.

« Le 26 août, après le retour des pieuses dames, vingt chrétiens de Ké-léao-kéou, conduits par le troisième catéchiste, montaient au sanctuaire. Ils revinrent brûlés par le soleil et sans avoir obtenu une goutte de pluie.

« Le millet était en détresse : il fallait se préparer à une famine ou tenter un grand coup. Les catéchistes tinrent conseil, et un solennel pèlerinage fut décidé pour le samedi suivant, retour le lundi. Les compagnies de chemin de fer devaient accorder un rabais considérable, et l'heure des trains était facultative dans ce pays de la liberté.

« Chaque chef de famille dut fournir un homme valide pour le pèlerinage ; en outre, tous les pèlerins de bonne volonté étaient acceptés avec plaisir ; mais cent vingt hommes, un par famille, étaient obligés au pèlerinage. On commença les préparatifs ; on alla à la résidence épiscopale, et, grâce à la bonté de Monseigneur, on rapporta des oriflammes, des drapeaux, des inscriptions sur bois, des bandes de toile rouges, vertes, bleues, jaunes, violettes, et un petit monument que je décrirai plus loin.

« La paroisse possède une musique d'harmonie, qui se fait goûter les jours de grandes fêtes et dans les circonstances solennelles.

« Mais qu'était-ce, cette harmonie, pour une démonstration aussi grande que ce fameux pèlerinage ? On décida la création d'une fanfare plus retentissante et, par conséquent, plus belle. On désigna les artistes, et les répétitions commencèrent dès le lendemain, dans la cour d'un fabricant de vinaigre. Les répétitions avaient lieu avec un tel entraînement qu'un travailleur qui, bien certainement, ne savait pas être né artiste, se priva de plusieurs demi-journées de travail pour faire son éducation musicale.

« D'autre part, on s'occupait du comité directeur. Malheureusement, le premier catéchiste *Ki-You-King* ne pouvait pas monter au sanctuaire à cause du mauvais état de ses jambes ; tout le monde le savait. Le deuxième catéchiste, *Li-in*, s'était bien involontairement blessé au pied et, pour éviter d'être accusé de manquer de courage ou de dévotion, il avait fait visiter sa blessure par le R. P. Mathurin qui lui avait décerné un certificat d'invalide.

« Restaient les deux jeunes catéchistes, *Tsen-Iuon-Louo* et *Kao-Léou*. Sans doute ils étaient jeunes, mais personne ne doutait des aptitudes du troisième catéchiste pour conduire cette masse d'hommes, et celui-ci, après quelques modestes observations, accepta la charge.

« Le maître d'école, un bachelier décoré du globule doré, écrivit sur papier rouge, et de sa plus belle calligraphie, la lettre d'avis. Elle contenait ces simples mots : *Tel jour, les habitants de Ké-léao-kéou monteront sur telle montagne pour demander la pluie par leurs prières. Faites passer au village voisin.*

« Dans notre région, quand une corporation se rend quelque part dans un but religieux, on avertit

par une lettre circulaire les villages à traverser, et
ceux-ci, pour avoir part aux bienfaits du ciel, préparent toujours des rafraîchissements. Afin que le billet
soit porté plus vite d'un village à un autre, on y fixe
une plume de pigeon. C'est le signe convenu ; et c'est
ce qu'on fit pour l'annonce du pèlerinage qui nous
occupe.

« Dans son *De bello Gallico* (livre VII), César nous
apprend comment les Gaulois des temps anciens pro-
pageaient les nouvelles. Le système gaulois n'avait
pas la discrétion du système chinois.

« Enfin, le grand jour approchait. Le samedi indiqué, avant l'aube du jour, la cloche catholique annonça
le pèlerinage et un tam-tam, déposé préalablement à
l'autre extrémité du village, répondit au signal. Les
jeunes gens, pour faire comprendre qu'ils avaient
entendu et qu'ils étaient levés, se mirent à frapper
sur les chaudrons et autres instruments de cuisine. Ce
fut, pendant quelques minutes, un charivari infernal.

« Le P. Mathurin fit sonner, comme tous les jours,
la prière du matin et la messe, et tout rentra dans
l'ordre.

« Vingt-cinq minutes plus tard, un seul coup de
cloche donnait l'ordre d'entonner l'*Angelus*. L'église
était comble comme aux plus grandes solennités.

« Ce bon P. Mathurin n'avait-il pas eu, lui aussi, l'idée d'aller en pèlerinage ! Son évêque le lui avait permis, à condition qu'il irait à pied, à la tête de ses paroissiens, et le vieux curé avait accepté. Plus tard, il dut y renoncer, parce que le P. Pierre, qui devait le remplacer pour les offices du dimanche, se trouvait à quinze lieues de là, dans la montagne, combattant le bon combat au milieu des païens, et il n'était pas possible de le faire revenir.

« A la messe, après l'évangile, le P. Mathurin donna des conseils sur le bon ordre et l'obéissance due au président du pèlerinage, *Tsen-iuon-loua*.

« Une vingtaine de dames pieuses firent la sainte communion.

« Après la messe, une demi-heure fut donnée aux pèlerins pour aller déjeuner chacun chez soi.

« A mesure que les estomacs étaient satisfaits, les hommes, couverts de leurs immenses chapeaux de paille, portant sur l'épaule la légendaire besace qui contenait les provisions et l'habit de cérémonie qu'ils ne devaient revêtir qu'au sanctuaire de la sainte Vierge, se rendaient devant l'église. Là, les catéchistes, gravement assis à une petite table et ayant devant eux la liste de toutes les familles, donnaient à chaque pèlerin d'obligation cent sapèques prises sur la caisse paroissiale ; cent sapèques, c'est un peu moins de dix sous, mais dans ce pays, c'est une forte allocation, pour la nourriture pendant le voyage à l'aller et au retour.

« A l'heure voulue, le P. Mathurin fit battre la cloche et tout le monde entra dans l'église.

« Nous disons fit *battre la cloche ;* car il vous faut savoir que les cloches chinoises sont en fer et inébranlables. Pour leur faire produire du son, un homme les bat à l'extérieur avec un marteau de bois qui, presque partout, est un pied de jeune arbre.

« Après le chant des prières et la bénédiction des pèlerins, la procession s'organisa.

« C'était d'abord la fanfare retentissante que le P. Mathurin avait surnommée la *musique infernale,* parce que, dans la pensée du prêtre, elle pouvait et devait mettre en fuite les diables et diablotins hostiles au pèlerinage.

« En guise de tambour-major, un robuste jeune homme précédait la *musique infernale.* On lui avait solidement attaché sur le dos un tambour de bois à gros ventre, et le fabricant de vinaigre, chef de la fanfare, le suivait en battant la caisse avec toute la conscience d'un caporal-tambour à trois chevrons. Il était accompagné de deux cymbaliers et suivi d'un batteur de tam-tam et de trois joueurs de triangles faits avec des tisonniers. En somme, ils étaient sept musiciens, non compris le porteur du tambour ; mais à eux sept, ils faisaient autant de bruit qu'un orage. C'était épouvantable ! Quelle marche ou quel pas redoublé jouaient-ils ? Nous n'en savons pas le nom ; c'était, tout à la fois, une marche et un pas redoublé composé, mais non écrit, pour la circonstance, par le fabricant de vinaigre *Wan-Fou-Koui*. Que son nom reste à jamais dans les archives de tous les conservatoires de musique !

« Puis venaient les pèlerins, non pas en ordre de bataille, mais en ordre de procession. Ils étaient 180 hommes. Une vingtaine de chrétiens du voisinage avaient obtenu du P. Mathurin la permission de se joindre aux chrétiens de Ké-léao-kéou, sous la condition d'obéir docilement au catéchiste directeur et de se nourrir à leurs frais.

« Ils marchaient sur deux files en chantant à tue-tête les litanies de la sainte Vierge, et de loin ils étaient escortés par des porteurs d'inscriptions. Sur de légères planches de bois on avait peint, en lettres noires sur fond rouge, les invocations les plus intelligibles pour les païens.

« Il y avait vingt planches.

« A la suite des pèlerins venait le cortège proprement dit. Et d'abord la croix de procession, en bois
noir orné de banderoles rouges et vertes. Elle était
portée par le menuisier du village, une sorte d'hercule, qui mesure 1 mètre 84 de long, et accompagnée
de deux jeunes gens portant des cierges dans des
chandeliers européens.

« La croix était immédiatement suivie de trois
grands parasols rouges, avec trois étages de franges
rouges, à l'instar des insignes basiliques. Les parasols étaient ornés de toutes sortes de banderoles
rouges et portant en grosses lettres ces quatre caractères : *Ké-léao-kéou Tsien*, c'est-à-dire village de
Ké-léao-kéou.

« La musique d'harmonie venait ensuite. Les
dix-huit qui la composent, portaient l'habit long et
le chapeau de cérémonie à houppe rouge.

« Drapés dans leur dignité, ils jouaient gravement
de leurs sifflets, de leurs flûtes, de leurs violons à
deux ou trois cordes (il n'y en a pas à quatre cordes), de plusieurs espèces de chalumeaux assez harmonieux. La batterie se composait d'un tambour de
basque, de castagnettes, de petites cymbales et d'une
certaine machine composée de neuf disques de cuivre
aux sons différents, sur lesquels un grand artiste

sonne les contre-temps. Cette musique jouait les litanies de la sainte Vierge, deux sortes de *Salve Regina* et le *Tota pulchra es*.

« La musique d'harmonie était escortée par les porte-drapeaux et les porte-bannières. Monseigneur l'Évêque avait prêté, entre autres choses, pour la circonstance, deux grands drapeaux vraiment jolis. Sur un fond de soie bleu clair sont cousues des lettres en satin blanc qui publient les notions sur notre sainte religion ; et les jeunes gens portaient ces drapeaux bien développés selon le vent, afin que les païens pussent lire.

« Enfin, pour terminer la procession, quatre jeunes hommes, en habit long et à chapeau de cérémonie, portaient sur l'épaule un monument vraiment chinois.

« Dans les processions païennes, ou mieux dans la cohue qui représente une procession païenne, c'est à cette place qu'on porte, à ciel découvert, le dieu ou la déesse qu'on veut honorer. Quelquefois, l'idole de ces pauvres gens est gravement assise dans un joli palanquin que quatre hommes portent sur l'épaule. Le grand diable que j'ai eu l'occasion de voir, un jour, dans cet équipage, avait la figure et les mains dorées.

« Pour remplacer cette idole, les anciens chrétiens ont inventé un brancard en bois, revêtu de toiles aux diverses couleurs, surmonté d'une croix dorée et de toutes sortes de banderoles. Dans ce petit monument, les chrétiens de Ké-léao-kéou avaient attaché l'image du Sauveur des hommes et par devant deux cierges bénits.

« Enfin, les deux catéchistes fermaient la marche. En signe d'autorité et pour transmettre les ordres, *Tsen-Tuon-Louo* portait à la main le petit tam-tam du P. Mathurin.

« Et, sous un ciel brûlant, cette masse de chrétiens chinois marchait avec entrain, chantant à haute voix les litanies de la sainte Vierge, le *Tota pulchra es* et toutes les prières.

« Au départ, les dames étaient massées sur le parvis de l'église. Le R. P. Mathurin en entendit qui criaient à leur mari ou à leur fils :

« En dehors de la pluie, n'oublie pas d'obtenir telle grâce pour la famille. »

« Quel malheur que les femmes chinoises croient devoir supprimer leurs pieds ! Si elles avaient eu des bases, l'entrain les aurait gagnées, et elles seraient montées aussi au sanctuaire vénéré.

« Le vieux P. Mathurin, accompagné de quinze

élèves du petit séminaire et flanqué d'une cinquantaine d'orphelins, suivit le pèlerinage jusque bien
loin de l'église. Les gamins du village, eux, escortaient tous la *musique infernale*. C'était si beau à
entendre!

« Plus tard, les petits séminaristes, (cet âge est
sans pitié,) prétendirent avoir vu des larmes perler
dans les yeux de leur préposé et descendre lentement dans sa barbe blanche. La dignité ne permit
pas à celui-ci de l'avouer ; mais nous, qui connaissons intimement le R. P. Mathurin, nous croyons
aux perles.

« Mais laissons le Frère Mineur dans sa paroisse
avec ses perles, et accompagnons les pèlerins.

« Après avoir traversé deux villages païens, la
colonne arriva au fleuve Fenn-ho ; une halte était
nécessaire. Les catéchistes et les barbes grises
examinèrent la situation. Elle n'était pas sans quelque difficulté. A cette époque de l'année le pont avait
été prudemment enlevé, et les eaux ne couvraient pas
moins de 140 mètres. On parla bien du passage de la
mer Rouge par les Israélites, mais on ne trouva pas
le Moïse nécessaire, et l'on ne craignait pas l'armée
de Pharaon.

« Donc, on décida de passer tous en corps, les

robustes prêtant l'épaule aux plus faibles. L'union fait la force. N'est-ce pas là l'assistance mutuelle, la vraie charité ?

« Holà ! le dirons-nous ? n'allons-nous pas faire une indiscrétion grave, un scandale ?.... N'allons-nous pas faire pousser des cris de paon ?... Le dirons-nous, ce fait inouï..... ce cas imprévu dans le chapitre *De processionibus* du Rituel romain, imprévu dans les cérémoniaux de Louis de Carpi, Gardellini, Gavanti, Merati, de Herdt, Baldeschi et même Levavasseur ?.... Le dirons-nous ?.... Mais si nous le disons, nous allons nous faire excommunier par une foule de gens pointilleux qui ne sont pas faits pour les missions. Le dirons-nous ?... Mais nous recevrons les foudres de certaines dévotes qui condamnent souvent, et se scandalisent de tout.

« Eh bien ! oui, nous, Chinois et Missionnaire, sans avoir peur de donner du scandale pharasaïque, nous allons apprendre à tous ce qui se passa.

« D'abord, il fallait prendre des forces. Chacun s'assit donc sur le sable du rivage, tira sa pipe, battit le briquet et la fumée s'éleva dans les airs.

« Dix minutes plus tard, le tam-tam du catéchiste directeur retentit, et vite chacun d'enlever ses souliers, ses bas, son pantalon, sa veste, c'est-à-dire le

costume complet ; et le tout, grâce à la ceinture, étant
devenu un ballot, nos bons chrétiens, réduits à la
plus simple expression, se précipitèrent dans l'eau
comme des canards, barbotèrent, plongèrent, et parvinrent bientôt sur la rive opposée.

« Les catéchistes, après s'être assurés que tous
étaient passés avec les instruments de musique, les
drapeaux et le brancard du Sauveur du monde, don-
nèrent un instant de repos. Il fallait bien laisser
sécher au soleil le costume du père Adam, avant de
prendre les habits de toile qui, tous n'étaient pas secs !

« A la vérité, si le P. Mathurin avait été du pèlerinage, ses paroissiens n'auraient pas permis que le
prêtre barbotât ; mais six robustes épaules l'auraient
passé de l'autre côté du fleuve. C'est ainsi que les
lévites portaient l'Arche sainte.

« Que dites-vous de cet épisode d'une procession
excessivement grave et très solennelle ?

« Et n'allez pas croire que l'eau du fleuve ait éteint
la dévotion. Au contraire, nos chrétiens, rafraîchis
et joyeux, commencèrent l'ascension des montagnes.

« Il était environ huit heures du matin, et il restait
huit lieues à parcourir ce jour-là.

« A la vérité, la chaleur excessive empêchait un
peu le bel ordre de la procession. Mais, allait-on tra-

verser un village, vite chacun reprenait sa place, la musique d'harmonie entonnait les litanies de la sainte Vierge que les chrétiens chantaient à tue-tête, et la musique infernale continuait ses merveilles. Aussi, dans chaque village, les païens mettaient le nez dehors, et hommes, femmes, vieillards, enfants, tous s'extasiaient devant cette imposante démonstration. Des seaux d'eau, déposés de loin en loin par les païens, permettaient aux chrétiens et à leurs musiciens de se désaltérer comme les soldats de Gédéon, sans que cela nuisît au bon ordre.

Vers midi eut lieu la grande halte ; deux heures furent données pour prendre de la nourriture et du repos.

« Vers six heures du soir, notre procession débouchait dans le village chrétien de *Houn-Kéou-Tzen*, où le R. P. Stanislas Cornelisse donnait précisément la mission annuelle.

« Les chrétiens des deux villages remercièrent ensemble le Seigneur, dans l'église, du succès de cette première journée. Et puis, comprenez la joie des pèlerins de Ké-léao kéou ! Dans la cour de la résidence, plusieurs grands feux étaient surmontés d'immenses marmites dans lesquelles bouillait le plus appétissant millet.

« Après que les pèlerins eurent salué le bon Missionnaire, celui-ci leur déclara avoir préparé tout ce millet pour eux... Les catéchistes lui offrirent, en signe de reconnaissance, quelques paires de pigeons qu'ils avaient apportées. Sans faire répéter l'invitation, on s'empara des tasses et des bâtonnets ; les grandes cuillères de bois plongèrent dans les grandes marmites de fer et... vous comprenez le reste...

« Les grands estomacs étant rassasiés et les grandes sueurs un peu séchées, les pèlerins s'arrangèrent pour passer la nuit comme ils purent, soit dans la résidence, soit dans le village. Il faut le dire : sur ce point, les Chinois ne sont ni exigeants ni délicats.

« Le lendemain, qui était un dimanche, les catéchistes de Houn-Keou-Tzen invitèrent la musique de Ké-léao-kéou à faire entendre ses harmonies pendant la messe et, après l'évangile, le R. P. Stanislas donna de nouveaux conseils aux pèlerins. La bonté du Missionnaire ne se borna pas aux conseils ; après la messe, on retrouva ses marmites fumant de nouveau et, certes, on leur fit honneur.

« Après avoir chaleureusement remercié l'excellent P. Stanislas, la procession s'organisa pour gravir les deux lieues de rochers qui la séparaient du sanctuaire, où elle arriva bientôt.

« A peine reposés de la fatigue, nos pèlerins récitèrent, ou mieux, chantèrent dans l'église de la *Portioncule, les quinze mystères du Rosaire.*

« Dans l'après-midi, ils firent avec ferveur le chemin de la croix. Pendant ce temps, le saint Sacrement était conservé dans l'église de Ké-léao-kéou et les prières s'y succédaient ferventes et nombreuses pour obtenir la pluie.

« Mais voici où commencent les choses extraordinaires :

« Au sortir du chemin de la croix, les pèlerins aperçurent avec étonnement des nuages dans la direction de leur village. Les cœurs bondirent. Est-ce que déjà les prières étaient exaucées ? Est-ce qu'il pleuvait à Ké-léao-kéou ? Impossible de le savoir ; mais l'incertitude et l'espérance augmentèrent la ferveur.

« Le lendemain, de grand matin, après avoir de nouveau prié dans le sanctuaire béni, les pèlerins descendirent de la montagne pour retourner directement chez eux, par une route différente de celle parcourue l'avant-veille.

Après la grande halte, on s'aperçut et on apprit qu'il avait plu enfin la veille. Plus tard, en traversant un village où habitent une cinquantaine de chrétiens, ceux-ci annoncèrent à leurs coréligionnaires que, la veille, il avait plu la hauteur de deux pouces, que la pluie venait de la direction de Kéléao-kéou et ils les remercièrent et les félicitèrent d'avoir été exaucés dans leurs prières.

« Les cœurs de nos pèlerins se dilatèrent. Il avait plu. L'incertitude ne fut plus permise quand on arriva au Fenn-ho. Le fleuve roulait des eaux jaunes, boueuses, violentes comme un torrent. La traversée était vraiment dangereuse, et un homme n'aurait pas osé passer le fleuve isolément ; cependant, grâce à la protection de la sainte Vierge, le passage s'effectua sans accident.

« Plus les chrétiens se rapprochaient de leur village, et plus la route (ce qu'on appelle ici la route), était détrempée et glissante. Certainement il avait plu abondamment. Un seul village restait à traverser, le village de *Toun-cheu*, qui compte plus de 3 000 habitants, tous païens, excepté deux familles.

« Quel ne fut pas l'étonnement de nos chrétiens, de voir devant la pagode principale une grande réunion d'hommes. Est-ce que, sur le soir d'un si beau jour, il fallait se battre avec les païens ?.. Il n'en fut rien. Les païens invitèrent les chrétiens à s'arrêter.

« Un vieillard de Toun-cheu s'adressa aux deux

catéchistes et, par un petit discours plein de cœur, les remercia chaleureusement. Il leur dit en substance :

« Nous, nous ne savons pas obtenir de la pluie ; vous, vous allez prier votre Dieu sur une montagne et il pleut ; il pleut si abondamment que la récolte est sauvée. »

« Et voilà que les musiciens païens de Toun-cheu, prenant les devants sur la *musique infernale*, font une escorte d'honneur au pèlerinage chrétien.

« Il était 8 heures du soir. Tous les valides, hommes et femmes, qui étaient restés à Ké-léao-kéou, s'étaient réunis sur le parvis de l'église. On causait de la trombe d'eau qui était tombée ; on jouissait du bonheur des pèlerins quand ils sauraient que leurs prières avaient déchiré les cataractes du ciel ; on parlait du merveilleux de la chose ; les plus hardis voulaient demander au P. Mathurin s'il n'y avait pas là un *chen-tsi*, c'est-à-dire un miracle ; les âmes les plus pieuses remerciaient la sainte Vierge devant le saint Sacrement conservé dans l'église.

« Tout à coup, la détonation de trois gros pétards se fit entendre au lointain :

« Les voilà, les voilà ! Ils sont sortis du village de Toun-cheu. »

« C'était, en effet, le signal convenu.

« Une demi-heure plus tard, une seconde explosion de pétards eut lieu plus rapprochée. La cloche catholique répondit au signal. Un jeune homme sauta sur un cheval pour aller porter des instructions au Directeur du pèlerinage et en rapporter des nouvelles. En même temps, un bataillon de gamins, portant des lanternes, des chandelles, des branches de sapin résineux et tous les appareils d'éclairage usités dans le département, partit au pas de gymnastique.

« Peu à peu, les conversations cessèrent sur le parvis de l'église ; on écoutait les bruits du lointain, on se regardait en silence, on était inquiet et les vieillards les plus braves restaient muets. Que s'était-il passé ?...

« Des sons étranges frappaient les oreilles, ce n'était pas la note suave de la fanfare d'harmonie, ce n'était pas le tapage de la *musique infernale,* mais le son des trompettes militaires. Que voulaient, à cette heure, ces soldats, ces mandarins ?... Est-ce que les pèlerins étaient prisonniers ou plutôt soumis à une enquête ? Les bruits étaient inquiétants, la chose sérieuse, les conséquences pouvaient être graves.

« L'estafette à cheval revint fort à propos. Tous

l'entourèrent, et le jeune homme annonça au R. P. Mathurin l'heureux succès du pèlerinage, la réception faite à Toun-cheu, et il ajouta :

« Les trompettes militaires qu'on entend sont l'escorte d'honneur fournie par les païens de Toun-cheu. »

« Quelle explosion de surprise !… Quoi ! des païens remercier des chrétiens pour avoir obtenu la pluie, les faire reconduire chez eux au son des trompettes militaires !… Jamais cela ne s'était vu dans notre région. Aussi, quelle joie parmi nos chrétiens : plusieurs bonnes femmes s'en allèrent tremblantes dans l'église en murmurant : Jésus, Marie, Joseph ; Jésus, Marie, Joseph. C'était tout ce qu'elles pouvaient dire dans leur émotion.

« N'en riez pas. Il faut avoir vu sa barbe blanchir sous un soleil chinois, pour comprendre toutes les heureuses conséquences d'un tel fait.

« Enfin on aperçut, se déroulant comme un ruban, les lumières qui éclairaient le pèlerinage ; peu à peu, on entendit les musiques chrétiennes qui dominaient les trompettes païennes ; on entendit le chant des litanies. C'était vraiment bien beau et touchant ! Aussi, le vieux P. Mathurin était allé se cacher dans l'ombre ; il regardait, il écoutait, il

rêvait à Lourdes et à la procession aux flambeaux ;
tout en semant des perles, notre vieil ami faisait
des rapprochements sur la liberté de la foi dans les
pays dits civilisés et chez les barbares de Chine ; il
méditait la parole de saint Paul aux Juifs obstinés :
« Il fallait d'abord vous annoncer la parole de
« Dieu ; mais puisque vous refusez le don céleste et
« vous jugez vous-mêmes indignes de la vie éter-
« nelle, nous allons le porter aux païens. »

« Pendant ce temps, l'église s'illuminait *a giorno*.
L'autel, dont le fond est une mosaïque de papiers
de toutes couleurs, était resplendissant. Six grands
chandeliers en bois et les six en étain étaient cou-
ronnés de leurs lumières de cire ; une vingtaine de
lanternes en verre, en satin, en soie, en papier qui,
dans la pauvre église, représentent des lustres, étaient
toutes illuminées par une chandelle de suif de mouton. C'était tout aussi beau que la nuit de Noël.

« Au lieu de se rendre directement dans l'église,
les pèlerins firent le tour de leur village en chantant et au son de toutes les musiques. Quand la
musique dite infernale franchit la porte du parvis
de l'église, une épouvantable décharge de pétards et
de mousqueterie chinoise salua l'heureux retour du
pèlerinage. Les musiciens païens furent invités à

s'asseoir sur des bancs disposés entre le temple et la résidence ; les pèlerins entrèrent dans l'église avec leurs musiques, leurs drapeaux, etc... et les jeunes gens déposèrent triomphalement devant l'autel le petit monument qui contenait l'image du Sauveur des hommes. Alors les quinze séminaristes en surplis et le P. Mathurin, en aube et en chape, sortirent de la sacristie.

« Après le chant du *Tota pulchra es* et du *Tantum ergo*, on donna la bénédiction du saint Sacrement. A ce moment, les musiques jouèrent, la mousqueterie éclata, la cloche sonna, les tam-tams retentirent. Ce fut des plus imposants, des plus solennels. Les vaillants d'Israël qui avaient obtenu la pluie, se trouvaient bien récompensés de leurs fatigues. Après le chant du *Laudate Dominum omnes gentes*, les portes s'ouvrirent pour les païens, et les chrétiens entonnèrent le *Te Deum*, traduit en langue chinoise. Tous les chants de remerciement étant terminés, le clergé se retira et on récita la prière du soir.

« Quand le Frère Mineur sortit de la sacristie pour rentrer à la Résidence, un gigantesque païen cria d'une voix sonore :

« *Si-ian-lao-ié*, l'*Excellence d'Occident*, » et aussitôt les musiciens de Toun-cheu, qui s'étaient transportés à la porte de la Résidence, soufflèrent dans leurs trompettes et firent au prêtre une aubade assourdissante. Le bon vieillard, à son âge, être devenu une Excellence !... Il n'en revenait pas !... Il en perdit la tête, et on le vit courir un peu partout criant à tous : « Ils m'ont appelé *Excellence ;* oui, oui, *Excellence d'Occident.* » Ce descendant des Gaulois, il était aussi heureux que le *Bourgeois gentilhomme* de Molière, quand les Turcs le firent *Mamamouchi.*

« Le lendemain, Son Excellence, devenue gros Jean comme devant, célébra la messe un peu plus tard qu'à l'ordinaire. Beaucoup d'hommes y assistèrent. Après le déjeuner, chacun alla visiter ses propriétés. Le village était très calme, et tous parlaient du succès du pèlerinage et de l'efficace intercession de la sainte Vierge.

« Disons, pour finir, que le millet et les autres productions recouvrèrent par la pluie une vie nouvelle, une végétation luxuriante, et la moisson d'automne dépassa l'ordinaire pour la quantité et la qualité. »

CHAPITRE VII

ÉTUDES DE MOEURS

Une année élastique. — Des mariés en bas âge. — Une
procession. — Négociant en enfants. — Visite de grande
cérémonie. — Un enterrement très suggestif.

NOTRE jeune empereur s'est aperçu que
la nouvelle année chinoise allait se
rapprocher de la nouvelle année européenne. En gaillard qui n'a peur de
rien, il a décrété que l'année 1890 aurait treize lunes ou treize mois. Donc,
pour y arriver, il y aura deux deuxièmes lunes, la
première s'appellera deuxième lune et la deuxième
seconde deuxième lune... et quatre cent cinquante millions d'admistrés lui obéiront sans avoir rien à dire.
Vous voyez que, pour administrer un grand empire,
il n'est pas besoin de députés, de sénateurs, d'aca-
démiciens et de bibliothécaires. Mais vraiment notre
empereur est incomparable ! Maintenant qu'il a
décrété la longueur de l'année, on affiche son décret
sur papier rouge. Nous allons donc avoir deux fois

la fête de la Purification ; avec le temps et la bonne
volonté impériale, nous arriverons certainement à
célébrer Pâques deux fois par an... Et vive le progrès !

« En attendant, ce matin, j'ai béni un mariage
qui n'est pas un mariage de grandes personnes. La
jeune épouse a treize ans et quelques mois ; le petit
mari a juste quatorze ans, qui sont le minimum exigé
par l'Église. Pendant le sermon, après l'Évangile,
le bout d'homme n'était plus à la balustrade. Je finis
par le découvrir au milieu de ses camarades d'école.
Après les fêtes civiles, il retournera en classe et,
dans la maison, sa femme jouera avec les sœurs de
son mari ; ainsi ils grandiront tout doucettement.
Ce n'est pas le premier ménage d'enfants que je bénis
ainsi ; mais les riches seuls agissent de la sorte, et
je vous assure que c'est très bien, sans aucun inconvénient.

« Vous autres, dans vos pays civilisés, vos augus-
tes gouvernants, (pour protéger la liberté de conscience, comme ils disent), ont interdit, dans la plupart des grandes et des petites villes, les processions
religieuses. Cela n'empêche pas leur conscience de
faire peindre en grandes lettres le mot *liberté* sur toutes les petites guérites utiles à la propreté publique.

« De par ces Messieurs, interdit de sortir hors des
églises est porté contre le DIEU de l'Eucharistie, et
les commissaires de police, gendarmes, gardes-cham-
pêtres et autres représentants de l'ordre public, sont
chargés de l'exécution de ce décret. Chez les barbares de Chine, les choses se passent différemment.

« Il y a longtemps que Monseigneur désirait établir les processions publiques du saint Sacrement
dans les villages chrétiens. Pour commencer, il désigna tout naturellement ma paroisse, parce que c'est
la plus grande parmi celles qui n'ont aucun païen.
Mes chrétiens en furent enchantés et disposèrent
avec entrain un joli reposoir dans le plus bel endroit
du village. Chez vous, un commissaire quelconque
eût sauté sur son téléphone, il eût consulté son
compère le maire ou le préfet, il serait accouru à la
tête de ses brigades d'agents de la sûreté et de sergents de ville, peut-être même eût-il réquisitionné
quelques bataillons de pompiers pour soutenir le
mouvement, ainsi il aurait arrêté ce *danger clérical*.
Les Chinois de notre province sont des gens plus
débonnaires ; ils ne se sont pas exaltés pour si peu
et nous ont laissé faire.

« La procession fut jolie et très grave. En avant,
une masse de cent cinquante hommes chantait les

CARTE DU CHAN-SI (Chine)

litanies de la sainte Vierge, puis venait la croix de
procession avec deux acolytes en surplis et les musiciens en habits de cérémonie. Après eux, marchaient
treize élèves du petit Séminaire, en surplis et un
cierge à la main ; derrière, deux des plus petits
balançaient leurs encensoirs. Enfin, sous le dais,
soutenu par quatre vieillards en habits de cérémonie,
je portais le saint Sacrement, tandis qu'après moi
cinquante hommes alternaient les litanies avec les
cent cinquante de l'avant. Les femmes s'étaient ren-
dues directement au reposoir. Nous n'avons pas eu
le plus petit désordre. Naturellement, il était venu
des païens pour contempler la cérémonie. Quelques
jeunes gens, que j'avais fait gendarmes, outrepassè-
rent mes instructions et obligèrent les païens à se
mettre à genoux au passage du saint Sacrement.
Tous obéirent, comme des moutons. En France, là
où les processions ne sont pas interdites, les esprits
forts conservent le chapeau sur la tête et le cigare
au bec. En Chine, les processions sont libres et on
peut faire agenouiller les païens.

« Le plus intéressant de ma position, en ce moment, c'est d'être devenu *négociant en petites filles*. C'est
inconnu en France, mais je dirai, qu'avec les béné-
dictions du bon Dieu, les affaires de mon comptoir

sont en prospérité. J'ai recueilli plus de cent fillettes, cette année ; je les ai baptisées, j'ai donné le sacrement de confirmation à celles qui n'avaient pas le goût de rester sur la terre ; les autres sont en nourrice. La moitié, au moins de mes petites filles, part pour le paradis en train direct, tant elles sont malades, d'ordinaire, quand on me les apporte ; ainsi elles enrichissent la charmante villa dont saint Pierre est le portier.

« Hier, dans l'après-midi, un gigantesque païen m'apporta une petite fille pour me montrer combien elle était malade. L'enfant, en effet, était mourante : je la baptisai, lui donnai le sacrement de confirmation, et la fis porter à l'orphelinat. Or, le païen vient de revenir avec sa belle-sœur, laquelle voulait absolument la petite fille pour la soigner et la guérir. Au moins, disait-elle, je veux la voir. Moi, je ne voulais rien de tout cela. Alors la femme a crié, son beau-frère a crié, et moi j'ai crié, et cela devant des paroissiens et des paroissiennes accourus. Peu à peu, nous avons cessé de crier, (c'est-à-dire que la chinoiserie a cessé), l'homme m'a tendu un petit carnet pour recevoir un paiement, et je suis rentré dans ma chambre. Je viens de leur envoyer deux francs, deux gâteaux et quelques abricots pour les remettre de leurs cris. La femme, certainement, va retourner chez elle, très contente d'être venue jusqu'à Ké-léao-kéou, et elle publiera que je suis bien bon, bien généreux, bien magnanime, de lui avoir donné de si bonnes choses à manger.

« J'avais quatre fillettes de la Sainte-Enfance en nourrice dans des familles païennes. Comme elles avaient quatre ans, je les ai fait revenir. Elles sont gentilles et parlent bien. Actuellement, elles sont très attentives à garder les petits poussins qu'une vieille poule a couvés. L'année prochaine, à Pâques, on leur cassera les pieds ; autrement elles seraient très laides et on ne les marierait que difficilement. Croiriez-vous que je les ai déjà vues essayer elles-mêmes de se serrer les pieds dans les bandes de toile qu'on emploie pour l'opération ?

« Il m'est arrivé, il y a quelque temps, un cas curieux. Le même jour, deux païens, habitant des villages très éloignés et aimant plus l'argent que leurs filles, sont venus m'annoncer séparément qu'ils étaient disposés à me céder leurs enfants, si je voulais leur en donner une à nourrir.

« J'acceptai volontiers. Deux jours après, j'envoyai un vieux bonhomme recevoir la fille de l'un, je la baptisai et l'envoyai à l'autre qui me donna la sienne, laquelle, après son baptème fut portée à la mère de la première. Et comme mon vieux n'a fait que la moitié des voyages, les deux mères ne se doutent pas de l'échange.

« Je n'ai pas eu de chance, cette année, avec mes petits orphelins. L'année dernière, j'avais reçu un bel enfant de sept ans. Il avait pris ce que les Chinois appellent *la maladie du déplaisir*. L'enfant parut se remettre et oublier sa mère, mais bientôt il retomba dans une langueur si grande, que je le baptisai sous le nom de Michel. Comme une fleur transportée sous un climat étranger, Michel dépérissait. Le jour de Noël, alors qu'on célèbre dans le ciel et sur la terre la naissance de l'Enfant Jésus, les anges s'aperçurent que le petit Michel manquait à la fête du ciel et s'empressèrent de venir le chercher.

« Cette première tombe devait être bientôt suivie de quatre autres.

« Celui qui entra le premier, après Michel, dans l'éternité, s'appelait *Ken-Koui*. Si Michel était malade de déplaisir, Ken-Koui était malade de rage.

« Voici comment.

« Ken-Koui naquit dans les montagnes de Louotchéou de parents païens. Il avait des frères plus âgés et d'autres plus jeunes lorsque, vers l'âge de

dix ans, il devint borgne. Dès lors commencèrent les
mauvais traitements. Deux ans plus tard, son œil
unique devint très malade et, chaque jour, son père,
sa mère, ses frères aînés, le saturèrent d'amabilités de
ce genre :

« Nous ne voulons pas conserver cet inutile, cet
« aveugle; nous ne voulons pas le nourrir; va-t-en où
« tu voudras... Il ne veut pas partir, hé bien! prenons-
« le, jetons-le à la rivière... Venez, tuons cet être-
« là, etc... »

« Ils en seraient peut-être venus à l'exécution, si
un païen plus humain ne leur avait conseillé de le
donner au Maître de la religion d'Occident. Le père
suivit ce conseil et conduisit son fils au P. Joseph
Tchang. Je vous laisse à penser les dispositions de
cet enfant et la tempête de haine qui grondait dans
son cœur. Vraiment pouvait-il aimer son père, sa
mère, ses frères ?...

« Il arriva à l'orphelinat en 1889.

« Quelques semaines s'étaient à peine écoulées que
tous connaissaient la rancune que Ken-Koui nourris-
sait contre ses parents, et avaient vu des échantillons
de son mauvais caractère. Méchant et même brutal
envers ses camarades, il se moquait des punitions des
maîtres qui, plusieurs fois, durent m'appeler pour

dompter ce gaillard-là. Doué d'une bonne mémoire, il étudiait assez vite les prières et le catéchisme, mais en annonçant bien haut qu'il ne supporterait pas d'être baptisé. Je le laissais faire l'esprit fort.

« A l'automne de 1890, l'état de l'unique œil de Ken-Koui s'aggrava et, malgré les remèdes du médecin, il devint aveugle. Ce fut un redoublement de haine contre tous, et contre tout, contre le bon Dieu et contre le diable. Cette nature féroce ne voulait pas se convertir, mais la prière des petits enfants et la maladie en allaient faire la conquête. En novembre, la phtisie se déclara ; Ken-Koui ne sortit plus du dortoir. Il devint alors plus doux, plus serviable, plus commode pour ceux qui prenaient soin de lui. De tous ses catéchistes, celui qu'il écoutait le plus volontiers était le cuisinier en chef, un orphelin néo-baptisé, âgé de vingt ans. La grâce, d'ailleurs, le travaillait.

« On m'annonça enfin que le farouche Ken-Koui demandait le baptême ; je résolus de faire à mon tour des difficultés. Durant l'une de mes visites pastorales dans les dortoirs, je m'entendis appeler par Ken-Koui, je fis le sourd. Après plusieurs appels, je m'approchai et l'aveugle demanda le baptême. Alors de m'écrier avec une indignation feinte :

« Que demandes-tu ? Tu hais ton père, ta mère,
« tes frères aînés jusqu'à la mort. Tu ne veux pas
« leur pardonner leurs mauvais traitements et leurs
« méchantes paroles. Tu as appris cependant que le
« quatrième commandement ordonne d'honorer ses
« parents ; tu sais qu'une des conditions du bap-
« tême est de regretter ses fautes et d'avoir le ferme
« propos de ne plus les commettre ; non, tu ne peux
« être baptisé ; tu mourras bientôt et ton âme ne
« montera pas au ciel, elle descendra en enfer. »

« Le lendemain, le malade renouvela sa demande
avec de pressantes instances. Cette fois, je fus plus
aimable. Devant une nombreuse assistance, je posai
à Ken-Koui la grande question.

« Du fond du cœur pardonnes-tu à ton père, à ta
« mère et à tes frères leurs mauvais traitements ? Es-tu
« disposé à les honorer à l'avenir ? »

« Un silence solennel s'établit et, avec un grand
soupir, l'aveugle répondit distinctement :

« Oui, oui. »

« Après quelques autres questions nécessaires, il fut
admis au baptême où il reçut le nom de François
d'Assise.

« C'était en novembre. Ken Koui ne fut plus Ken-
Koui. Personne ne reconnaissait en lui l'ancienne

bête fauve des montagnes, tant il se fit doux et humble ! Il mourut ainsi le samedi 13 janvier 1891, et peu après, trois autres fois nous conduisions une nouvelle dépouille au cimetière.

« Malgré ces cinq victimes dans l'orphelinat, le nombre des enfants augmente toujours. C'est le nouveau district de Louo-tchéou qui se montre le plus généreux. Auparavant, les petits garçons arrivaient par groupes ; maintenant on les envoie avec des précautions, parce que les païens se sont émus de ces caravanes. Ils prétendent que nous achetons ces enfants dans les montagnes de Louo-tchéou pour les revendre très cher aux comédiens de la capitale du Chan-si, et ils voulaient, un beau jour, délivrer ces soi-disant opprimés.

« J'ai dans l'orphelinat une jolie collection d'imbéciles. Ils sont quatre, de quinze à dix-neuf ans. L'un d'eux, presque toujours assis ou couché au soleil dont il ne sent pas les ardeurs, a été baptisé à titre de grand enfant. Un autre a pu répéter quelques chapitres de catéchisme ; les deux derniers seront baptisés quand ils pourront redire la partie nécessaire du catéchisme. Alors on leur délivrera un diplôme de bacheliers et leurs études seront terminées. En attendant, tous quatre ne forment qu'un

cœur, et il est fort risible de les voir, très graves,
tenir de longs conseils. »

Pendant que le P. Hugolin s'occupait ainsi de ses
œuvres de Ké-léao-kéou, un événement important
s'était passé dans le Chan-si. Déjà, dès l'année 1888,
les Frères Mineurs de Hollande avaient été mis en
possession de la partie méridionale de cette grande
province. En 1891, le R. P. Martin Poëll reçut la
consécration épiscopale des mains de Mgr Grassi, à
la résidence des Pères Lazaristes de Tching-ting-fou.
C'est à cette occasion que le P. Hugolin écrivit les
lignes suivantes :

« J'avais été envoyé à la rencontre de Monseigneur, avec un prêtre chinois de mon âge, jusqu'à
une chrétienté à quatre heures d'ici. Il y a là environ une centaine de chrétiens sur six ou sept cents
habitants.

« Nous arrivons et voilà qu'un fidèle, en voyant
ma vénérable figure d'Européen, croit que c'est l'Évêque ; il court sonner la cloche et chrétiens et chrétiennes d'accourir pour saluer leur Pasteur. Ces braves gens ont ri de la mésaventure plus que moi. Le
véritable Monseigneur est arrivé deux heures plus
tard.

« Avant le dîner, je vis un chrétien accourir comme

un fou a la résidence. Il portait deux magnifiques poissons, encore vivants, qu'il venait de prendre dans un lac. On lui fit l'honneur de l'inviter à faire cuire lui-même les poissons, à les servir et à dîner ensuite.

« Dans des cas semblables, les étrangers qui viennent visiter Monseigneur ne manquent pas de m'adresser les questions prescrites par leur cérémonial :

« Quel est votre noble nom ? »

« Je dois répondre :

« Mon vil nom est Hou.

« — Combien d'années avez-vous déjà passées uti-« lement sur la terre ?

« — J'ai déjà passé inutilement trente-huit ans « sur la terre.

« — Dans quel grand royaume êtes-vous né ?

« — Le petit royaume où je suis né s'appelle Fa-« Kouo (France).

« — Votre noble père, votre noble mère vivent-« ils encore ?

« — Mon noble père et ma mère sont vivants

« — Combien avez-vous de glorieux frères, etc. »

« Dans les réponses aux questions toujours les mêmes de la politesse chinoise, on conserve le titre de *noble* au père seulement. »

Le 6 septembre 1891, mourait Mgr Louis Moccagatta, de l'Ordre des Frères Mineurs, vicaire apostolique du Chan-si septentrional. Écoutons le R. P. Hugolin nous faire, avec force détails curieux, le récit de ses funérailles (1).

« *Digna dignis :* partant de cette idée, les Chinois considèrent les funérailles comme la chose du monde la plus grave. C'est là qu'un fils montre son affection et sa reconnaissance pour son père. Les païens accusent sans cesse les chrétiens de n'avoir pas le culte des morts. Il fallait les détromper et répondre à leur haute attente, en leur donnant une haute idée de ce que nous savons faire pour nos défunts. En conséquence, Mgr Grassi donna ses ordres et tout se prépara.

« Le soir même de la mort, commença ce qu'on appelle chez vous l'embaumement et ce qu'on devrait nommer ici le *refroidissement*. Vous savez comment en Europe on conserve les cadavres des hommes remarquables. Après avoir enlevé les entrailles du défunt, les docteurs lui ouvrent la carotide et y infiltrent je ne sais quel baume ; mais ce que je sais, par souvenirs personnels, c'est que l'opération ne réussit

(1) Ce récit était adressé au T. R. P. Raphaël d'Aurillac.

pas toujours. Le procédé chinois, ne vous en déplaise, est bien plus simple.

« Peu de temps après la mort du vénérable Prélat, on enleva les vêtements qui le couvraient et un homme armé d'un éventail se mit à faire du vent au dessus de la poitrine. L'opération dura sans discontinuer pendant deux nuits et un jour, soit trente-six heures. Alors, l'évêque défunt fut revêtu des ornements pontificaux, selon les prescriptions de l'Église, son corps fut enroulé dans de larges bandes de toile et déposé dans le cercueil. Il n'avait alors aucun signe ni aucune odeur de corruption. Nous en reparlerons plus loin.

« Le cercueil !.... Dans ce pays c'est une maison ou au moins une chambre mortuaire. *Ibit homo in domum æternitatis suæ.* (Eccl., XII, 5.) Plus il est haut, large, épais et fait d'un bois précieux, plus on reconnaît l'affection des enfants, et plus, disent les païens, cela porte bonheur aux survivants. Le bois du cercueil de Mgr Moccagatta avait, au-dessus de la tête, 18 centimètres d'épaisseur, et était haut en proportion. Non, jamais Paris, la *Ville-Lumière,* n'a vu entrer dans son Panthéon un homme revêtu de tant de bois.

« Dans les pays civilisés de notre Europe, tout

habitant est soumis aux servitudes de *l'état civil*.

« En Chine, pays dit non civilisé, chacun a le droit de naître, vivre, se marier, s'occuper, travailler, hériter, mourir, être enterré comme bon lui semble, sans que le gouvernement local ose se croire le devoir, au nom de la liberté, de fourrer son nez dans ces choses de famille. Les funérailles de Mgr Moccagatta furent donc fixées par Mgr Grassi au lundi 28 septembre. Et, en attendant, le corps de l'évêque défunt fut déposé près de la chambre où il était mort, sous une tente faite avec des nattes. Ainsi le veut l'étiquette.

« Dès lors, la résidence épiscopale fut comme en révolution. On n'y rencontrait que courriers partant avec des lettres de faire part ou des lettres d'invitation, que catéchistes très affairés, que commis de magasins venant apporter des échantillons, que patrons venant prendre des ordres, qu'ouvriers travaillant plus ou moins nonchalamment. Un instant, on avait espéré pour l'enterrement la présence de Mgr de Marchi, Frère Mineur, vicaire apostolique du Chan-tong septentrional et troisième successeur du défunt qui avait été vicaire apostolique du Chan-tong pendant vingt-deux ans (1848-1870). Mais le vénéré prélat, pour se rendre au Synode convoqué

au Chen-si, ne put traverser Taï-uien-fou que le
13 octobre.

« Mgr Grassi avait invité deux catéchistes de toutes
les chrétientés du vicariat à assister au cortège funèbre. Les plus éloignés n'eurent pas le temps de venir ;
les plus proches arrivèrent le samedi soir et le
dimanche ; les voisins ne furent admis que le lundi
matin.

« En avant de la façade de l'église cathédrale, on
avait construit un portail grandiose ou vestibule fait
avec des mâts aux banderoles blanches et noires, et
recouvert de toile blanche. Contre la porte extérieure,
on avait aussi élevé un vestibule aux toiles blanches
et noires avec des inscriptions en blanc sur fond
bleu ; et, au-dessus de la voie publique, une grande
porte, faite avec des mâts et des toiles blanches et
noires, indiquait à tous la maison mortuaire. C'est
en ville le signe apparent et ordinaire de toutes les
sépultures. Sous le vestibule, élevé contre la façade
de l'église, étaient exposés ce qu'on appelle les dons
ou offrandes. C'étaient de riches étendards, longs d'environ trois mètres et larges d'au moins un mètre.
De grandes lettres dorées collées sur ces bannières
proclamaient les vertus du défunt et ses titres à la
reconnaissance. En bas, tout le monde pouvait lire

quelle était la famille, la chrétienté ou la réunion de plusieurs chrétientés qui avaient offert ces étendards. Il y en avait dix-sept, soit en toile de diverses couleurs, soit en drap bleu, drap noir, soie violette, soie noirâtre et même en magnifique satin violet très foncé.

« Il y avait aussi un *Wen-ming-san*, soit en français un *parapluie* ou *parasol des dix mille noms*, offert par les chrétiens de la ville épiscopale. Vous vous demanderez, bien certainement, ce que peut être cet *ombrellino?* Je veux répondre à votre légitime curiosité. Le Wen-ming-san est un grand gonfalon de toile rouge à trois étages sur lesquels sont écrits, et quelquefois brodés, les noms des donateurs. C'est la plus grande marque de reconnaissance que les administrés puissent offrir à un mandarin qui sort de charge après avoir gagné l'estime générale. On se le transmet de génération en génération, comme un héritage de famille.

« Tout était prêt pour la sépulture. L'office funèbre commença le dimanche soir, 27 septembre. A quatre heures, les élèves du petit et du grand séminaire et les prêtres, revêtus du surplis et un cierge à la main, se rangèrent en ordre de procession. Monseigneur l'Évêque, assisté de quatre prêtres en chapes

noires, fit la levée du corps, qui fut porté dans l'é-
glise cathédrale au chant du *De profundis* et du *Miserere*, et hissé, à force de bras, sur un catafalque monu-
mental. Puis, les Matines et les Laudes de l'Office
des morts furent chantées au chœur. La cathédrale
avait revêtu ses habits de deuil. Des pièces de toile
noire se déroulaient en spirale autour des colonnes
géminées du temple ; et un crêpe voilait le trône du
vicaire apostolique défunt ; car le Saint-Siège avait
récompensé ses longs et heureux services par le privilège personnel du trône.

« Pour la circonstance, Mgr Grassi avait pu faire
venir dix-sept prêtres, dont six Européens, tous Frères Mineurs, et onze Chinois tertiaires. Aussi le jour
de la sépulture, les messes étaient-elles commencées
avant quatre heures du matin. Vers 6 h. 1/2, tout
était prêt pour la messe solennelle de *Requiem* ;
Mgr Grassi, bien que convalescent de la grave maladie du typhus, tint à chanter lui-même la messe pontificale.

« Bien que l'affluence des chrétiens dans l'église fût
excessivement nombreuse depuis deux jours, nous
pouvons affirmer que, grâce à l'embaumement
ou mieux au refroidissement, la plus petite odeur ne
s'y était pas répandue et cependant vingt-deux jours

s'étaient écoulés depuis la mort du vénéré Prélat.

« Vers huit heures, le cortège partait pour le cimetière. Trois employés du tribunal, deux hommes et un gamin d'une quinzaine d'années, ouvraient la marche. Chacun des hommes portait suspendu sur l'épaule un grand tam-tam et, de minute en minute, ils frappaient à l'unisson un coup sur le sonore instrument. Le gamin était coiffé d'un chapeau pointu qui avait été violet autrefois. Ils étaient suivis de deux hommes portant deux immenses éventails de plumes d'autruche faits en papier bouilli ; ces deux épouvantails ne servent pas à rafraîchir l'atmosphère ; c'est seulement un signe d'autorité. Entre deux coups de tam-tam, le gamin au chapeau pointu criait la ritournelle qu'on appelle *ouvrir la route*. Ces cinq personnages-là précèdent ordinairement tout mandarin qui circule à titre officiel. Les voitures se hâtent de se garer le plus possible et de s'arrêter ; les cavaliers descendent de leur monture, et même tous ceux qui fument la pipe ne manquent pas de la cacher derrière leur dos. C'est que tous les habitants du Céleste-Empire savent quelle terrible bastonnade est en réserve dans le chapeau pointu du gamin. Aussi Il n'est pas un Chinois qui s'avise de *poser* sur le passage de l'autorité. Après cette avant-garde officielle, venaient nos chrétiens. Ils étaient plus de 1 500.

« Tout naturellement, la croix précédait. Elle était accompagnée de deux guidons aux couleurs blanche et rouge et suivie de deux drapeaux aux couleurs plus sombres ; cès quatre étendards portaient des inscriptions religieuses.

« Les chrétiens suivaient par groupes en chantant à tue-tête leurs prières. Au milieu de chaque groupe, figurait l'une de ces pittoresques bannières mortuaires, dont je vous ai parlé. Un homme la portait sur une haute hampe et deux hommes la tenaient bien ouverte par le bas, afin que tous pussent lire les louanges de Mgr Moccagatta. Presque chaque groupe était suivi d'une musique instrumentale dont les harmonies religieuses soutenaient les chants. Que je fasse tinter vos oreilles, en vous apprenant que *douze* musiques chrétiennes, venues de dix lieues à la ronde, prenaient part à cette démonstration ! Tous ces fils d'Euterpe portaient aux pieds les grandes bottes noires à semelles blanches ; sur la tête, le chapeau de cérémonie à la houppe rouge ; sur le corps, l'habit long, et à la main, les instruments à cordes et à vent. Les groupes étaient formés par les grandes chrétientés ou par les chré-

tiens d'un même district. De place en place, des
jeunes hommes portaient sur l'épaule de légères
planches rouges avec des inscriptions peintes en
blanc, le blanc étant en Chine le signe du deuil.
De nombreux cérémoniaires conservaient le bon
ordre dans cette longue procession qu'on aurait cru
une mer ondulante et un concert ambulant.

« Le *wen-ming-san*, ce fameux parapluie des
dix mille noms, fermait la marche de cette première
colonne.

« A la suite, se déroulait le cortège de Mgr Grégoire Grassi, le nouveau vicaire apostolique ; ce
qu'en style militaire on appelle l'escorte du général.

« En tête, deux hommes de l'administration bat-
taient, de minute en minute, deux grands tam-tams,
et un gamin criait, entre deux coups, d'ouvrir la
route. Le chapeau pointu de cet intéressant personnage était un peu plus violet et un peu moins âgé
que celui de son collègue d'avant-garde.

« L'on voyait ensuite s'avancer gravement sur
leurs chevaux blancs quatre bacheliers chrétiens en
habits de gala, et portant sur leur chapeau de cérémonie le fameux globule doré, signe distinctif et
officiel de leur mérite ; chaque cheval était con-

duit à la main par un homme. Un beau palanquin vert était porté sur l'épaule par deux groupes de chrétiens et un serviteur le précédait portant une ombrelle plate et rouge, ornée d'un gros nœud pendant. Disons, en passant, que c'était la première fois qu'un Évêque usait, dans la cité capitale du Chan-si, de ce signe de l'autorité extérieure. Mgr Grassi siégeait dans ce palanquin.

« Évidemment, c'était pour l'enfant de saint François une corvée, mais une corvée nécessaire. Il ne s'agissait de rien moins que d'extirper les préjugés païens, d'exalter la religion, de donner aux chrétiens courage et persévérance. Est-ce que la primitive Église ne sortit pas des ténèbres des catacombes dès qu'elle le put ?

« Devant Monseigneur, deux jeunes domestiques, en livrée bleue, marchaient à pied, soutenant d'une main le palanquin vert. Assurément, nos chrétiens portaient leur Évêque avec autant de sécurité que les Bussolanti portent la Sedia gestatoria du Souverain Pontife ; mais l'étiquette chinoise exige cette marque de précaution. Huit jeunes hommes, avec des planches-inscriptions rouges et blanches sur l'épaule, faisaient aile des deux côtés. Derrière le palanquin vert chevauchait un chrétien décoré d'un globule militaire. Deux belles broderies en soie jaune, en forme de plastron sur le devant et sur le derrière de son habit de satin noir, indiquaient son grade. Enfin, quatre bacheliers chrétiens, sur des chevaux blancs, fermaient l'escorte avec autant de gravité et de décorum que les chevaliers marchant par devant.

« Derrière le cortège d'honneur s'avançait le cortège religieux, le clergé. Trois familiers de la résidence épiscopale, en habits de cérémonie, avec cette dignité impassible, familière aux habitants du Céleste-Empire. Venaient ensuite le thuriféraire, la croix de procession en métal blanc et les acolytes ; puis, sur deux files, les trente-quatre élèves du petit et du grand séminaire en surplis et en grandes bottes, puisque, en Chine, la botte est le signe obligé de toute solennité. Suivaient les prêtres, tous en chape noire ou en chape violette et... en bottes. Prêtres, et séminaristes portaient à la main un cierge allumé et, sur la tête, le bonnet de cérémonie ecclésiastique permis dans ce pays par la Sacrée Congrégation de la Propagande. Tous chantaient, à haute voix et en deux chœurs, le *De profundis* et le *Miserere*, alternativement. Enfin, le R. P. Vicaire général, revêtu de l'étole et d'une chape en velours noir galonné d'argent, présidait la cérémonie. Deux prêtres, en dalmatique noire, relevaient la chape de l'officiant, et deux séminaristes escortaient, l'un avec le bénitier et l'autre avec le rituel.

« Enfin, l'on voyait s'avancer lentement, non pas le char funèbre, mais la dépouille mortelle de Mgr Moccagatta, portée à l'épaule par deux brigades de trente-quatre jeunes gens chacune. La large et longue plateforme, sur laquelle reposait le cercueil, était surmontée d'un dais aux draperies ornées de broderies en fil d'argent. Le fort joli monument, propriété de l'entreprise des pompes funèbres de la ville, pourrait prouver à tous les Européens que les Chinois savent avoir du goût et de l'habileté, quand ils le veulent.

« Une longue file de voitures de maîtres et de voitures de place suivait le cortège ; elles devaient servir pour le retour.

« Ce que je ne vous ai point encore dit, c'est la masse des spectateurs agglomérés sur le parcours de cet enterrement. La ville compte environ 100 000 habitants, mais je ne saurais vous dire, même approximativement, le nombre de curieux attirés par cette solennité. Aux abords de la résidence épiscopale, la foule était littéralement entassée. Outre les mandarins qui avaient visité l'église pendant les absoutes, il y avait un grand nombre de hauts employés des tribunaux. Beaucoup d'hommes des classes élevées contrastaient par leur gravité et leurs vêtements avec la masse du peuple. Des êtres vivants, on en voyait partout échelonnés par grappes même sur le toit des maisons, qui toutes sont sans étage. Les femmes païennes elles-mêmes avaient forcé les rigueurs extérieures des mœurs et de leur clôture, pour considérer de leurs yeux cette imposante démonstration. Il y en avait aux vitrines des magasins, sur le seuil des portes, un peu partout. Plus loin, au moins dix voitures de place stationnaient, remplies de nobles dames païennes, ou pour parler plus correctement, disons des voitures remplies de dames païennes aux habits nobles. Elles écarquillaient leurs petits yeux pour mieux voir. Et dans toute cette foule, pas un cri, pas une moquerie. S'il ne se fût pas agi d'un enterrement, c'eût été probablement bien différent.

« Dans le faubourg nord de la ville, les spectateurs étaient aussi nombreux et aussi respectueux que dans l'enceinte de la cité. Là, *extra muros,* un épisode de courte durée attira mon attention. Un jeune homme vint regarder de près le Christ qui est fixé sur notre croix de procession. Le signe de la Rédemption l'étonnait visiblement ; il l'intéressait et le faisait sourire tout à la fois. Le jeune païen appela l'un de ses camarades, lui montra l'image du divin Sauveur ; ils en parlèrent entre eux, sourirent et disparurent. Cela rappelait à merveille un mot de saint Paul (1).

« Comme rien ne peut échapper aux yeux scrutateurs des Chinois, on entendait de temps en temps des réflexions fort curieuses. Un païen, considérant attentivement les châpes des prêtres, dit à son voisin :

« Ces maîtres-là ne sont pas tous égaux : il y en « a de grands, il y en a de petits.

« — Comment, demanda l'autre, sais-tu cela, toi ?

« — Regarde, reprit le premier, les habits ne sont « pas semblables ? »

« L'esprit mercantile des Chinois ne pouvait rester inactif dans cette manifestation. Aussi on voyait çà et là de jeunes garçons offrant des œufs durs, ou des petits pains cuits au bain-marie, ou de la viande bouillie, ou certains produits de l'art des pâtissiers. Aux abords du *Campo santo*, c'était comme une sorte

(1) *Nos autem prædicamus Christum crucifixum, Judæis quidem scandalum, gentibus autem stultitiam.* (I Corinth., 1, 23.)

de foire. Il y avait même des marchands de *téou-fou*
ou fromage de haricots, dont les indigènes sont très
friands. Cela se crie, se vend et se mange tout chaud
et tout bouillant, comme les châtaignes dans les
rues de Paris.

« Hors du faubourg, beaucoup de monde ne savait
résister à la curiosité et, pour voir une deuxième
fois, courait à travers champs vers la tête du cortège
qui s'étendait sur une longueur de deux *lis*, soit un
peu moins d'un kilomètre. C'est au milieu de ce
flot ondulant de la population de la ville et des
environs que nous arrivâmes, après une heure de
marche, au cimetière où reposent dans le sommeil
de la mort les Évêques et les Prêtres. En passant, il
faut vous rappeler qu'en Chine il n'y a pas de cime-
tières communs comme en Europe. Chaque famille
a sa sépulture où bon lui semble, pourvu que ce
soit en dehors des villes. Notre cimetière, entouré de
murs élevés en terre battue, est sous la garde d'une
famille chrétienne.

« Deux cerbères ne laissaient entrer dans le champ
du repos que les chrétiens. Les quatre batteurs de
tam-tam et les deux chapeaux pointus eux-mêmes
restèrent dehors ; mais je vous assure que ces dignes
employés de l'administration du Céleste-Empire n'en

continuaient pas moins leur office très consciencieu-
sement.

« De la grande porte d'entrée jusqu'à la fosse pré-
parée pour notre évêque, les musiques instrumen-
tales faisaient la haie et toutes jouaient au plus fort...
Comme vos oreilles auraient hurlé, si vous aviez
dû comme nous subir cette horrible cacophonie ! Je
vis l'un de nos Pères s'agiter et danser ; il avait des
crispations. Heureux, dans ces occasions, l'Européen
qui n'a pas l'oreille musicale !

« Après les prières liturgiques, après la bénédiction de la fosse, après que les quinze cents chrétiens
eurent chanté tous ensemble leur *De profundis*, le
corps de Mgr Moccagatta fut descendu dans le petit
caveau revêtu de briques, où il reposera en paix en
attendant la résurrection. Alors Mgr Grassi, les prêtres et les séminaristes se retirèrent dans la chapelle
où ils déposèrent leurs vêtements ecclésiastiques.

« Maintenant mon devoir de narrateur m'oblige
à vous décrire le retour ; car le retour d'un enterrement est soumis à des rites particuliers qui, pour
nous, étaient purement civils.

« En tête marchaient les deux chapeaux pointus,
criant à tue-tête et à l'unisson d'*ouvrir la route*, puis
les quatre batteurs de tam-tam, marquant le pas sur

leur instrument comme un seul homme, enfin les
deux épouvantails de plumes d'autruche.

« Ces hommes étaient suivis du *wen-ming-san*, cet
intéressant parasol des dix mille noms. Les huit
bacheliers chrétiens, sur leurs chevaux blancs, s'avan-
çaient sur deux files. L'ombrelle plate et rouge,
signe respecté de l'autorité, précédait immédiatement le palanquin vert de Mgr Grassi et le globulé
militaire, à cheval, le suivait. C'étaient ensuite le
R. P. Vicaire général et les prêtres, chacun dans une
petite voiture couverte attelée d'un mulet. Deux
séminaristes étaient assis sur le devant de la voiture
et l'automédon courait à pied. Nous disons courait
et l'expression est exacte; car le pas du cortège devait
être très accéléré et il l'était. De nobles chrétiens
ou des vieillards suivaient dans de petites voitures.
Au total, le palanquin de Monseigneur était suivi
d'une file de quarante petites voitures toutes occu-
pées.

« La masse des musiciens et des chrétiens, qui
avaient eu un emploi dans la démonstration, accom-
pagnait les voitures *au pas gymnastique*; ce qui pro-
duisait, aux yeux des païens, un effet magnifique et
absolument insolite.

« Certes, ces braves gens méritaient bien le bon

dîner qu'ils trouvèrent en rentrant à la résidence épiscopale, où d'immenses tables avaient été dressées dans les cours.

« Je vous fais grâce de traduire le menu du repas pour ne pas vous rassasier. »

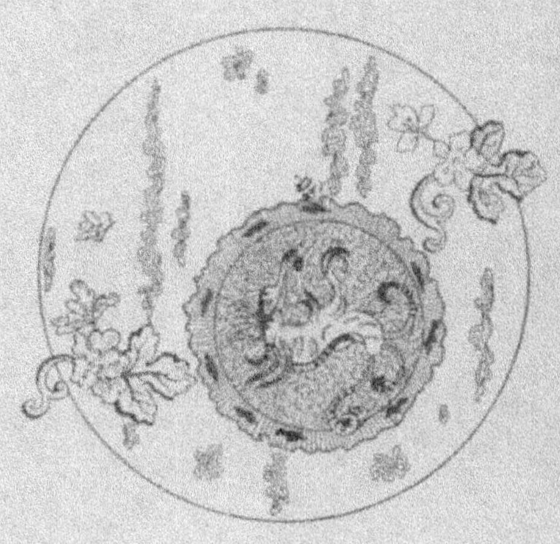

CHAPITRE VIII

LES DEUX DERNIÈRES ANNÉES A KÉ-LÉAO-KÉOU

(1892-1893)

Les journaux d'Europe et la Chine. — Le *wan-k'i* et le *mi-tan*. — Nouvelles recrues. — Famine et inondation. — Comment se perpétuent les familles. — Une mère vindicative.

E P. Théodoric, ancien compagnon de voyage et ami du P. Hugolin, lui envoyait, au début de l'année 1892, l'avis suivant du district de Taï-toung où il était alors missionnaire :

« A Taï-Toung, le bon P. Mathieu, un Français de la Corse, m'a appris les troubles de la Tartarie, l'incendie de plusieurs églises et résidences, dans le district de M. Van Dicks, la destruction d'orphelinats de filles, la chasse à mort aux chrétiens, le martyre du P. Lin, prêtre indigène, qui a été lié à un arbre et éventré. Mais de ce côté de la Grande Muraille tout est parfaitement tranquille, et, cette année, nous allons achever de bâtir la nouvelle église en ville. »

Ces nouvelles de troubles en Chine étaient parvenues en Europe et le P. Hugolin avait reçu des lettres pleines de tendresse inquiète. Avec son brio caractéristique, il se hâta de rassurer son père et sa sœur :

« Vous me parlez, leur écrit-il, de singulières choses sur la Chine. Tous les jours, dites-vous, il y a des nouvelles. Vous autres, Européens, vous êtes étonnants. On voit bien que vous avez l'habitude des journaux. Chaque jour, il vous faut trois grandes pages de nouvelles. Qu'elles soient vraies, qu'elles soient fausses, cela ne fait rien. C'est un commerce et il faut qu'il marche, comme celui des boulangers et des charcutiers. Il n'est que trop vrai qu'il y a eu des troubles, des incendies, le meurtre même de deux Anglais; mais ces nouvelles ne suffisent pas aux journaux d'Europe ; ils en recherchent le pourquoi, le comment ; ils publient les lettres d'hommes qui ont les pieds en Chine, mais c'est tout. Ce sont ces lettres là qui nous amusent, nous autres, Missionnaires ! Certainement, elles sont écrites par des gens qui habitent un port de mer, mais qui ne savent pas la langue chinoise et n'ont jamais habité l'intérieur. C'est leur domestique ou un Chinois quelconque qui, en mauvais anglais ou en baragouin français, leur donne des *explications*, et ils se hâtent d'écrire cela aux journaux d'Europe. La preuve c'est que toutes ces explications font voir les choses comme elles se seraient passées en Europe ; et c'est faux. Les peuples d'Orient sont, du tout au tout, différents de ceux d'Occident. Lisez, au contraire, une relation écrite par un Missionnaire, c'est-à-dire par un homme qui vit au milieu des gens dont il comprend la langue, connaît et voit les usages, et de suite vous direz : « Mais ces Chinois sont-ils curieux ! » Pourquoi ? Parce que celui qui raconte la chose le fait au naturel ; vous la voyez avec vos yeux d'Européens, et vous ne pouvez en revenir d'étonnement.

« Maintenant, il vient d'y avoir d'autres révoltes en Tartarie. La diplomatie de tous les ministres des affaires étrangères des pays *savants* s'en occupera avec le gouvernement chinois, qui ne prend en considération que... les batteries d'artillerie...

« Devinez maintenant comment j'ai passé les fêtes de Pâques 1892 ? Eh bien, j'ai passé ces fêtes dans la position *horizontale*, qui, bien certainement, n'est pas celle du soldat sous les armes. Mais que voulez-vous ? Il faut bien obéir au *Général en chef*, maître absolu des humains, ses créatures, obéir à Dieu. J'avais reçu un mois de consigne et je me suis exécuté, comme un Doullennais qui va faire ses vingt-huit jours. C'est vous dire, en style épique, qu'en réalité, je suis resté couché du 8 avril au 10 mai. Vous me demandez pourquoi cette grande envie de dormir, ce désordre dans ma vie ? C'est que j'avais le *wan-ki* (1), maladie que vous ne connaissez pas en Europe.

« Ma gloire et ma consolation étaient que Monseigneur avait la même maladie et vous comprenez qu'on prend orgueil à imiter son évêque. Malheureusement, Monseigneur, bien qu'il ait commencé avant moi, ne descend pas encore du lit et ne mange pas, tandis que, par la grâce de Dieu, j'ai repris toutes mes œuvres, mange comme un ogre et cours comme un lapin. La différence, au point de vue humain, provient de ce que Monseigneur a vingt ans de plus que moi et que, dans le plus fort de la maladie, il a fait appeler le médecin anglais. Celui-ci lui a donné des purges *européennes*, traitement qui n'a jamais été créé pour le climat de Chine. Pour moi, la veille des Rameaux, au soir, j'envoyai chercher

(1) C'est-à-dire le typhus.

mon docteur, le médecin Pierre. Ce bon docteur
accourut, me tata les *six* pouls, (car la médecine chinoise reconnaît à chaque individu *six* pouls qui indi-
quent les *six* parties principales du corps), sans se
prononcer. Le lendemain, après la messe que célébra un jeune Père italien, le docteur recommença
ses opérations et me demanda si je voulais lui obéir
aveuglément. Sur ma réponse affirmative, il m'annonça que je guérirais, à la condition de rester un
mois au lit et de ne boire rien autre chose que du
mi-tan et les trois médecines qu'il me donnerait. Et
il ajouta avec sa délicatesse de Chinois :

« Vous aurez *beaucoup à souffrir* : avant cinq
« jours, vous serez paralysé des jambes et des bras ;
« mais, n'ayez pas peur ; vous guérirez en suivant
« mon traitement. La maladie est commune et très
« connue de moi. »

« Est-il aimable ce brave docteur ?...

« Le lendemain, commencèrent d'atroces douleurs,
qui voulurent bien disparaître après quelques jours ;
le mercredi, j'avais les genoux et les pieds enflés. Je
pris peur et j'envoyai chercher mon docteur. Il
arriva et, pour me consoler, me dit que ce n'était
que *le commencement*.

« Le Vendredi-Saint, les avant-bras se paralysent :

deux hommes robustes sont obligés de me remuer
comme un arbre, pour me changer de position et
pour m'asseoir sur mon lit. Mon domestique tient
les tasses de *mi-tan* devant moi, il me met un cha-
lumeau dans la bouche et je bois à la *pipette* (comme
on dit en patois *doullennais*.)

« Le jour de Pâques, j'apostrophe mon docteur :

« Viens voir dans quel bel état je suis ; viens me
« ressusciter. »

« Lui, très gravement, considère mes bras, mes
mains, mes pieds tout rouges, tout enflés, couverts
d'une sueur *blanche*, me tâte les six pouls et me dit :

« Nous sommes au plus fort de la maladie ; mais
tout est régulier. Je vais écrire la seconde ordonnance ; prenez patience et ne buvez que du mi-tan.

« La semaine fut bonne ; le dimanche suivant, je
reçus le docteur très aimablement :

« Viens, maître, viens voir comme je peux me
« remuer et m'asseoir tout seul sur mon lit. »

« Le médecin me trouva en bon état.

« Seulement, disait-il, la langue est encore très
« chargée et trop glacée. (Il me fit penser aux bis-
cuits Guilloux, qui étaient glacés à la vanille.) Mais
« cela va disparaître par ma troisième ordonnance. »

« Ce jour-là, je demandai au médecin le nom de

ma maladie. Voici, en deux mots, le résumé de ses explications :

« Vous avez dans les poumons un grand feu, pro-
« duit lentement par les fatigues et les refroidisse-
« ments. »

« Ce qui m'a guéri, dit-il, c'est le mi-tan. Vive donc le mi-tan ! Vous vous demandez, sans doute, ce qu'est le mi-tan qui fait des miracles. Je vais vous renseigner.

« Vous prenez du millet, de ce millet qu'on donne aux petits oiseaux ; vous brisez sa mince écorce entre une pierre et une bouteille, et vous jetez les grains dans l'eau bouillante. Quand c'est refroidi, vous buvez du mi-tan.

« Le 1ᵉʳ mai, mon docteur déclara ma résurrec-tion, me prévenant que j'allais sentir la faim, mais qu'il fallait résister, encore une semaine, en ne bu-vant que du mi-tan un peu plus épais. Pour finir gaiement ce carême d'un mois et pour tromper la faim, je me mis à chanter et à conter des histoires curieuses à tous ceux qui venaient me visiter.

« Après Dieu, je dois beaucoup de remerciements au docteur Pierre Pei qui, une fois de plus, fit voir sa science et confirma la belle réputation qu'il a dans cette région. Comme il cumule les fonctions de médecin et de pharmacien, il me portera, un jour ou l'autre, sa petite note. Je pense que, pour tant de visites et ses remèdes, j'en aurai pour l'énorme somme de... *trois francs*. Et vous croyez que j'aimerais mieux être curé de G*** ou de R***? Non, non, non ; le bon Dieu fait trop bien ce qu'il fait, pour que je m'insurge contre lui.

« Notre récolte d'automne a été insuffisante, à cause de la sécheresse ; l'hiver rigoureux a bien fait souffrir nos pauvres. Un jour, au plus fort de l'hiver, un païen m'amène sa fille, âgée de neuf ans, qu'il ne pouvait plus nourrir, et signe l'acte de donation. La pauvre enfant grelottait ; elle n'avait pour tout vêtement qu'un lambeau de toile... *sur les épaules*. Entrée à l'orphelinat, elle se mit à manger comme l'ogre du petit Poucet.

« Le lendemain, la mère de la petite, escortée de six païens, vient réclamer sa fille. Je la refuse. Ils me menacent d'une démonstration, et, comme la situation politique n'est pas solide, il faut être bien prudent. Du reste, l'enfant n'était pas baptisée. Je fais donc dire que, l'ayant reçue des mains du père, je ne la rendrais qu'à son père. On va le chercher ; il comparait devant moi et m'annonce qu'il a manqué son coup, mais va préparer un autre expédient pour se débarrasser plus sûrement de sa fille. Je restituai la pauvre enfant qui pleurait beaucoup et tout ce beau monde s'en alla.

« Un autre jour, un montagnard m'apporte un enfant âgé de onze ans, tout petit de corps et tout malade. Le montagnard me dit sans façon :

« Celui-ci est orphelin ; son père et sa mère sont « morts. Personne dans la famille ne veut le nour-« rir. Maître, si tu ne veux pas de lui, je vais aller « le jeter dans le fleuve. J'aimerais mieux pourtant « qu'il soit chez toi. »

« Vu l'état maladif de l'enfant, je compris qu'il y avait là une conquête pour le ciel, à brève échéance, et je parlai de l'acte de donation.

« Malheureusement, le montagnard n'avait pas les qualités requises pour signer la pièce ; il n'était pas proche parent. Force lui fut de reporter l'enfant dans son village, à travers la neige. Dix jours après, je revis mon malade avec un homme qui disait être son oncle maternel. Un chrétien du village le connaissait et servit de témoin à l'acte de donation. Vingt jours plus tard, l'âme de cet enfant partait pour le pays des anges.

« Après bien des misères, nous arrivâmes au printemps ; mais le blé ne verdit pas : il était mort de sécheresse. Dans toute la région, on n'a pas récolté un épi. Pour ne parler qu'avec la certitude des yeux, je vous dirai que, dans tout le village de Ké-léao-kéou, les six cents habitants, tous chrétiens, ont dû se résigner à la nourriture qu'ils ne donnent qu'à leurs porcs, en temps ordinaire. L'unique sujet de conversation était celui-ci. « Que deviendrons-nous, si la « récolte d'automne manque comme celle d'été ? »

« Pendant que les païens des environs se livraient à toutes sortes de superstitions ; ici, des prières publiques avaient lieu tous les jours après la messe. Enfin, le bon Dieu entendit les cris de ces braves chrétiens et, le jour de la fête de saint Pierre et de saint Paul, les cataractes du ciel s'ouvrirent et il commença à pleuvoir.

« C'était la vie pour nos montagnes : on se hâta d'ensemencer pour la récolte d'automne. Des actions de grâces montèrent vers le ciel qui prit goût à suppléer à la sécheresse de l'année dernière et de cette année, car la pluie se renouvela.

« Le 11 juillet, dans la matinée, une trombe d'eau s'abattit sur notre village ; l'eau descendait des plus hautes montagnes en torrents impétueux. Vers une heure de l'après-midi, voilà que notre résidence est envahie. Un orphelin accourt m'annoncer que l'eau ne cesse de monter dans le réfectoire et la cuisine. Vite, comme un caporal de sapeurs-pompiers, je me rendis sur le lieu du sinistre, où déjà se trouvaient plusieurs maîtres, les autorités, comme on dirait dans les faits divers d'un journal. Ce qui paraissait extraordinaire, c'est que nous ne pouvions découvrir par où entrait cette inondation. Enfin, on s'aperçut que, dans la cour des plus grands jeunes gens, le mur d'une grotte, creusée jusque sous la voie publique, était défoncé, et toute l'eau des montagnes s'engouffrait par là dans l'orphelinat.

« Les jeunes gens furent très courageux et n'hésitèrent pas à se précipiter dans l'eau pour sauver le matériel que contenaient les grottes ou caves de cette cour. On put faire une digue avec des bottes de paille et des pierres pour détourner le torrent qui descendait de la montagne, et, pendant deux jours, tout mon monde travailla, malgré la pluie, à élever un énorme mur en pierres et à combler la malencontreuse grotte.

« Actuellement, les habitants de Ké-léao-kéou sont délivrés de la crainte d'une famine. Sans doute, autour du village, l'inondation a ravagé bien des champs ; mais je crois pouvoir dire que la récolte d'automne sera suffisante. Mais, hélas ! elle sera nulle dans la plaine ! Le Fenn-ho a tout submergé sur une bande large d'une lieue et renversé des hameaux entiers. Que de cadavres ses eaux ont roulés ! Que d'enfants nous avons dû recevoir ! C'est une *récolte* pour le ciel.

« Un jour, peu après midi, je me promenais sur un toit, plat comme une terrasse, quand je vis arriver une voiture couverte. La voiture s'arrêta dans la cour de l'orphelinat et j'entendis des pleurs. Un homme descendit du véhicule, en tira un petit garçon tout en larmes, puis un autre qui pleurait, puis un troisième, un quatrième, et je me disais à moi-même : « Mais combien va-t-il en tirer ? »

« Il en tira huit, oui, huit bien comptés. Les orphelins étaient accourus et s'empressaient tous autour de ces petits bonshommes, qui, se croyant arrivés chez Croquemitaine, pleuraient à qui mieux mieux. Il fallait bien faire connaissance avec le cuisinier en chef de céans ou manquer la gamelle. On m'amena donc ce petit monde de pleurnicheurs. L'homme me remit une carte de Monseigneur, comme qui dirait le bulletin d'expédition, et un bordereau en caractères chinois constatant la provenance de cette aimable marchandise, les noms et les âges. Trois d'entre eux n'avaient pas encore cinq ans; les plus vieux en avaient neuf. Ils avaient été baptisés en passant dans la ville épiscopale.

« Dans l'après-midi, un des maîtres m'avertit que ces enfants étaient de petits *coquins*..... A leur âge, des coquins ?..... Expliquons-nous et excusons-les. Ils ne savaient pas qu'à l'octroi il fallait déclarer certains animaux de contrebande. Oh ! combien en apportaient-ils ! On disait qu'ils en étaient *couverts !* Les opérations de douane furent décidées pour le lendemain matin. Le temps était superbe, un refroidissement n'était pas à craindre.

« Je fus témoin de tout et je puis raconter comment on procéda.

« Dès le matin, les orphelins perruquiers commencèrent par raser tous les cheveux des nouveaux venus, et, quand les grands orphelins furent partis dans les champs, on installa un chaudron en fer dans la cour près de la cuisine. Vous comprenez ce qui suivit..... Les huit contrebandiers furent, l'un après l'autre, plongés dans l'eau tiède, balayés, brossés, polis, vernis, et c'était plaisir à voir l'entrain des exécutants.

« Ensuite on les porta sur le lit, sous une couverture, comme des fleurs sous cloche. Un peu plus loin, on purifiait dans l'eau bouillante les habits de toile qui contenaient bien autre chose que des microbes de choléra asiatique. Pour midi, le soleil avait tout séché, et les petits enfants firent leur entrée triomphale dans le réfectoire. Un peu plus tard, je m'aperçus, pour la première fois, qu'ils étaient bien gentils.

« Maintenant, ils étudient, même les plus petits, les prières du matin et du soir, et c'est fort joli de les voir répéter leurs leçons devant le maître. Quelquefois, cependant, ces benjamins de la famille se donnent des vacances et voici comment : Je passe dans leur cour ; ils accourent, me tirent par les mains, par les habits, et, bon gré, mal gré, il faut aller se promener dans la campagne. D'autres fois, et ces cas sont plus fréquents, ils viennent me rendre visite et pour me toucher davantage, ils m'appellent leur *grand'père*. A mon âge (1), on comprend cela ; d'ailleurs, c'est la saison des fruits et ils se retirent très contents de leur visite à *grand'papa*.

« J'ai maintenant cinquante petits garçons en nourrice. Tous ces bataillons descendent de Louotcheou, un nouveau centre d'évangélisation dont je vous ai déjà parlé. Le pays est nu, aride ; les

(1) Le P. Hugolin avait alors environ quarante ans.

habitants sont très pauvres et se défont de leurs petits garçons, comme on le fait ailleurs des filles. La raison, c'est que, je vous l'ai dit, la sécheresse a amené la famine et ces pauvres gens vendent ou donnent les enfants qu'ils ne peuvent plus nourrir. »

Qu'on nous permette de reproduire ici deux récits envoyés par le P. Hugolin et qui compléteront éloquemment ce qu'il vient de dire de la famine et de l'horrible vente d'enfants qu'elle occasionne :

« Koui-hoa, (1) disait un soir le pharmacien Tsao-
« Michel à Madame son épouse, le bon Dieu a béni
« notre union, en ce sens que nous avons toujours
« vécu en bonne intimité ; mais il n'a pas cru devoir
« nous donner de postérité. J'en suis de plus en
« plus désolé ; car, qui prendra soin de notre sépul-
« ture et qui nous pleurera ?... Or, je viens d'ap-
« prendre que dans le nord de cette province sévit
« la famine... Pour prolonger leur propre existence,
« les égoïstes païens mettent en vente femmes et
« enfants. Si tu consens, j'irai là et j'achèterai pour
« nous un héritier.

____

(1) En français *tournesol*. C'est l'un des gracieux petits noms que portent les femmes chinoises.

« — Va, répondit Koui-hoa et que Dieu t'ac-
« compagne sur ta route. »

« Quelques jours plus tard, Michel, portant dans
sa ceinture quelques morceaux d'argent, s'achemi-
nait vers le lieu de la famine. On ne l'avait pas
trompé notre cher brave homme : Femmes et
enfants abondaient pour les amateurs. La marchandise était à bon marché. En Chine, le chef de la
famille païenne est à peu près maître d'acheter et de
vendre ses femmes ; il en est tout à fait libre dans
les temps troublés comme ceux de la famine. Quant
aux enfants, le père en dispose parfois comme un
fermier dispose de ses petits lapins. Les *pères* et les
mères du peuple (c'est le titre des mandarins) ne s'occupent pas beaucoup de ces détails domestiques.

« Que de beaux enfants ! C'était bien alléchant
pour notre pharmacien. Son cœur se laissa prendre
par deux charmants petits garçons.

« Mais, se disait-il, si j'en achète deux, que dira
Koui-hoa ?... Elle me boudera... Elle me gron-
dera... Qui sait même si, armée de son balai, elle
n'en viendra pas à des arguments touchants ? Non,
non, elle ne pourra être mécontente. Je connais son
bon cœur. Peut-être même louera-t-elle ma pré-
voyance ? Donc, traitons notre affaire. Attention ! »

« On le voit, en Chine comme un peu partout, les chefs de famille chrétienne ne sont pas tout à fait libres. La prudence les oblige quelquefois à compter avec leur chère moitié. Ce n'est pas un mal, bien que le poète ait écrit :

> Du côté de la barbe est la toute-puissance,
> Votre sexe, Madame, est dans la dépendance.

« Holà, frère aîné, dis-moi un peu combien il
« faudrait débourser pour ces deux enfants ?

« — Celui de neuf ans, c'est dix *tiao* (50 francs) ;
« celui de six ans, huit *tiao* (40 francs.)

« — Sont-ils parents ?

« — Non, ils ne se connaissent pas.

« — Je prendrais bien les deux, mais je n'en
« puis donner que douze *tiao* (60 francs), pas une
« sapèque de plus.

« — Impossible, il faut que tu donnes dix-huit
« tiao.

« — Jamais, c'est douze tiao ou rien. »

« On débattit longuement le prix de la marchandise humaine. Enfin, le courtier consentit, non sans avoir protesté, en bon Chinois, qu'il perdait beaucoup. Un bachelier écrivit le contrat de vente, moyennant quatre cents sapèques (2 francs) pour sa peine, son encre, son papier rouge et son pinceau.

« Notre pharmacien alla chez un changeur. Un morceau d'argent devint sapèques de cuivre rondes, percées d'un trou carré. Il compta douze tiao : il était père de famille.

« La loi de l'empire non seulement reconnaît, mais recommande cette manière de perpétuer les familles. Les fils achetés et adoptés jouissent de tous les droits des fils légitimes dans ce pays de la liberté.

« Les deux petits furent très étonnés de se trouver frères. Cependant, ils étaient enchantés d'échapper ainsi aux horreurs de la famine. Comme notre Tsao-Michel est un très bon chrétien, il eut soin de faire baptiser ses enfants par un prêtre, avant de retourner chez lui. Le plus âgé s'appela Joseph et le plus jeune Paul.

« Et, par un beau soir d'automne, celle que le devoir de la narration nous oblige d'appeler la *mère Michel*, criant *par la fenêtre*, vit rentrer à la maison non pas son *chat*, comme dans la chanson, mais son mari et ses deux enfants.

« Voilà votre mère, dit gravement le pharmacien.

« — Ah ! » s'écrièrent les deux enfants.

« Et, ils s'empressèrent de faire à leur maman les grandes inclinations prescrites par les rites, en signe de dépendance et d'obéissance.

« La mère Michel leur fit bon accueil, et la satisfaction entra au foyer domestique. Joseph et Paul fréquentent maintenant l'école catholique, où personne ne les surpasse en pétulance et en vivacité d'intelligence.

« Le plus jeune est vraiment un espiègle de premier ordre. Ce qui est plus précieux, c'est que les deux enfants, jusqu'à présent, aiment beaucoup le père Michel et la mère Michel ; et papa et maman ne les chérissent pas moins.

« Les dimanches et jours de fête, quand les chrétiens viennent saluer le *Chen-Fou*, après la messe, il faudrait les voir avec leurs gracieux habits, la queue bien peignée et artistement tressée par la maman. Michel ne me parle de ses héritiers que d'une voix émue et avec une larme dans les yeux.

« Heureux père !

« C'est encore Tsao-Michel qui m'a raconté ce que vous allez lire :

« *Qui veut acheter ma femme ?...* Elle a vingt-trois « ans ; elle est très comme il faut, elle a *petits pieds*, « bon œil et encore *toutes ses dents*. »

« Ainsi s'exprimait un affamé, dans le pays désolé par la famine.

« Et les amateurs allaient *visiter* la marchandise.

Elle était *avenante*. Mais, s'agissait-il d'écrire le contrat, une difficulté se présentait. La jeune femme s'écartait des règles tracées dans le livre classique *tchoung-inou, le juste milieu* ; disons mieux, elle sortait de son apathie et, venant se camper résolument devant l'acheteur, elle lui disait :

« Cette enfant en bas âge, c'est ma fille. On ne peut « pas me séparer d'elle. Si on m'en sépare, par n'im- « porte quel moyen je m'empoisonnerai. Avis à toi. »

« Vu l'air décidé de la jeune mère, l'amateur faisait deux pas en arrière et s'échappait par la tangente.

« Enfin un homme d'une trentaine d'années se présenta. Évidemment, il se croyait plus rusé et plus fin que tous les fils du Céleste-Empire. Quand on en fut au moment critique, la jeune femme renouvela sa protestation avec grande énergie :

« Sois tranquille, repartit l'acheteur, je servirai de père à ta fille. »

« Le contrat fut signé ; l'argent fut compté, et voilà la païenne juchée sur un âne avec sa fille dans les bras, suivi de son nouvel acquéreur et descendant, à petites journées, vers la métropole de la province.

« Le bon chrétien Michel avec ses deux fils cheminait à peu de distance en arrière.

« Les premiers jours, tout, dans le nouveau ménage, marchait comme sur des roulettes. C'était le
temps des fleurs et du miel.

« Les jours se suivent, mais ne se ressemblent pas.
Attendez ; la scène va changer.

« On en était à la cinquième journée de voyage.
Dans la matinée, le Chinois, de sa voix flûtée, dit
doucereusement à la Chinoise :

« Le poids de notre petite fille te fatigue ; donne-
« la-moi à porter un peu. »

« La mère consentit.

« A un endroit où la route côtoyait un profond
ravin, l'homme grommela entre ses dents :

« Elle croit donc que je veux nourrir la fille d'un
« autre ! »

« Et, ce disant, il broie la tête de l'enfant contre
une pierre et la jette dans le précipice. La jeune
femme se retourne, poussant un cri perçant, mais
sans proférer une parole.

« A la halte de midi, notre homme la pressait de
manger avec les plus aimables instances, mais la
femme refusa avec dédain et garda le silence.

« Vers le soir, on s'arrêta dans une petite ville.

« A peine entrée dans l'hôtellerie, notre païenne
appela le maître de la maison et lui dit :

« Ce matin, cet homme a tué ma fille ; je te prie
« d'aller avertir le mandarin. »

« L'hôtelier, flairant quelque histoire fâcheuse, pré-
tendit n'avoir pas le temps et disparut. Plus tard, on
vit la jeune femme fureter dans tout l'établissement,
mais toujours sans parler à personne.

« Le lendemain, à l'aube du jour, elle appela
l'aubergiste :

« Hier, lui dit-elle alors froidement, tu n'as pas
« voulu aller prévenir le mandarin. Maintenant tu
« iras, je pense. Regarde ! »

« Quelle scène !!!

« Le lit était inondé de sang ; la tête de l'homme
était presque détachée du tronc, et un rasoir gisait
près du cadavre.

L'aubergiste courut au tribunal.

« Boum... boum... boum... C'est le bruit du
tam-tam. Huit satellites, leur gros sabre à la main,
plusieurs scribes et secrétaires précèdent et entourent un palanquin bleu dans lequel siège un gros
homme dont le nez camus est embelli de grandes
lunettes. Aux insignes qui décorent sa poitrine, au
globule et aux plumes qui ornent son chapeau, on
reconnaît le mandarin du lieu. Une foule compacte,
anxieuse, animée, le suit à distance respectueuse.

« Le fonctionnaire, avec son cortège officiel, entre dans la cour de l'auberge. La foule se précipite à sa suite. Un secrétaire va constater le meurtre et en rend compte au magistrat :

« Amenez cette femme, » commande-t-il à ses farouches satellites.

« La jeune femme se présenta d'elle-même ; d'un air fort dégagé, elle se mit à genoux pour faire les prostrations voulues au représentant de l'empereur, et, avec le plus grand calme, raconta brièvement ce qui s'était passé.

« Elle avait fini de parler. Sa narration avait été si claire, si nette, que le magistrat ne lui avait adressé aucune question. Le peuple tout entier était suspendu aux lèvres du mandarin.

« Celui-ci, après quelques instants de réflexion, rendit la sentence en ces termes :

« Cette femme s'est comportée selon les règles « de la justice. Elle est libre de se remarier à qui « elle voudra... Partons. »

« Boum... boum... boum... et le cortège officiel de retourner au tribunal.

« Qu'est devenue cette héroïne d'un nouveau genre ? C'est ce que le bon Michel ignore, vu qu'il s'empressa de déguerpir, au plus vite, avec ses deux fils.

« Mais on peut être certain que cette mère trop vindicative aura bientôt trouvé un nouveau propriétaire, grâce à la sollicitude de l'aubergiste, sollicitude pas du tout désintéressée.

« Quelle bonne aubaine ! Pour laver son lit et faire enterrer l'assassiné dans quelque ravin, il aura dépensé au plus 200 sapèques (1 franc) ; et il aura gagné l'âne et le prix de la femme !

« Voilà un échantillon des mœurs païennes ! Voilà la femme dans le paganisme (1) ! Voilà les gens que le divin Rédempteur veut faire convertir par les missionnaires ! De grâce, faites l'aumône d'une prière aux hérauts de la bonne nouvelle et à ceux qui doivent la recevoir.

(1) A vrai dire, les traits analogues (voir les *faits divers* des journaux) ne sont pas rares dans notre France, maintenant en partie déchristianisée ; ce qui prouve, qu'en dépit de la civilisation et de la science, la barbarie revient là où l'influence de l'Evangile décroit.

CHAPITRE IX

A T'OUNG-EUL-KÉOU

(1894-1895)

Maître des novices. — *Bœuf noir* et sa fille. — Sur une
haute montagne. — Guerre entre la Chine et le Japon. —
« La poésie des voyages. » — Auberge modèle. —

Au mois de décembre 1893, Mgr Grassi
rappela subitement le P. Hugolin à
Taï-uien-fou. Voici pourquoi : Le vicaire apostolique du Chan-si établissait
un couvent régulier non loin de là, à
T'oung-eul-kéou, et dans ce couvent il voulait confier à notre missionnaire la charge si délicate de
Maître des novices. Fils d'obéissance, le P. Hugolin
quitta, tout aussitôt, les multiples travaux de ses
orphelinats, de son séminaire et de sa ferme, et se
rendit au lieu désigné.

Chose vraiment remarquable ! A partir de cette
époque, le Missionnaire semble se renfermer, en ce
qui le concerne personnellement, dans un silence qui

ne lui était pas habituel. Il mentionne encore, il est vrai, quelques traits, il raconte encore quelques épisodes ; mais de ses occupations, il en parle peu ou point.

Quelques lignes d'une lettre postérieure de Monseigneur Fogolla nous disent cependant qu'il réalisa toutes les espérances de Mgr Grassi :

« En décembre 1893, le P. Hugolin fut nommé Maître des novices dans le premier couvent franciscain qui s'ouvrait à T'oung-eul-kéou. Il obéit à l'ordre de ses Supérieurs et se rendit. Dans ce nouvel office, il écrivit pour l'instruction de ses novices, un traité très utile sur les vœux et sur l'observance de la Règle. Toujours il remplit sa charge avec soin et diligence. »

On peut bien présumer que le P. Hugolin ne quitta pas sans chagrin le village où il venait de passer sept années. Sans doute sa peine eut fait place à la joie, s'il s'était agi pour lui de reprendre la vie active et missionnaire ; faisant taire cependant, encore une fois, ses aspirations et ses désirs, il se résigna pleinement, en homme de devoir, à la volonté divine. Dans sa situation, il ne perdit rien de sa gaieté ; et ne cessa pas d'envoyer, de temps à autre, aux siens quelques récits édifiants, quelques nouvelles toujours empreintes de son invariable bonne humeur :

« Dans le grand village de Lieou-lin-tsoan, à deux bonnes lieues d'ici, écrivait-il un jour, vivait et vit encore un païen dont l'aimable petit nom est *Bœuf noir*. Sa fille unique avait sept ans quand, par suite de la variole, elle devint aveugle. Un an plus tard, pour comble d'infortune, la mère de cette enfant mourut. Qui s'occupera de l'aveugle ? Bœuf noir est seul ; il vit du travail de ses mains ; il ne peut acheter une autre femme. Que faire ? Notre homme va exposer sa situation au frère de sa défunte épouse et plaide si bien la cause que la tante accepte de prendre soin de sa nièce. Voilà donc Gemma dans la maison de son oncle, et tout procède en paix.

« Mais « le noir guignon » s'attache à cette famille. Cinq ans s'étaient à peine écoulés que la tante payait son tribut à la mort, et son âme de païenne allait se faire juger par le vrai Dieu, qui lui tint compte assurément de son acte de charité. Gemma quitte le village de son oncle maternel, et est reconduite à la maison de son père. C'était au commencement du printemps de cette année (1).

« Pauvre Bœuf noir, que va-t-il faire de sa fille ?

(1) 1891.

Il pense, réfléchit, calcule ; trouve qu'il ne peut pas même nourrir Gemma, et un démon souffle dans le cœur de ce païen.

« Un jour, de grand matin, il pose cette fillette de douze ans sur une brouette, et, d'un pas lent et mal assuré, il se dirige vers la rivière. Son cœur de père est bien triste, et la pensée qui le préoccupe le plus est celle-ci : Comment ferai-je pour me faire excuser par mon beau-frère ? Il a nourri ma fille pendant des années, et par quelles raisons pourrai-je me faire pardonner ?

« Bœuf noir en était là de ses réflexions, quand il rencontra un des trois cents chrétiens qui vivent dans son village. Celui-ci lui demanda où il allait à cette heure, avec sa brouette et ce bagage. Le pauvre homme ne trouva que des réponses embarrassées, évasives. Le chrétien avait tout compris. Les deux hommes s'accroupirent à la chinoise pour faire la causette ; et, tout en fumant une pipe, le chrétien exposa doucement au païen que l'action qu'il méditait était criminelle ; que jamais il ne pourrait se tirer des avanies que lui ferait son beau-frère ; que, si vraiment il ne pouvait nourrir sa fille, le mieux était de la porter à l'orphelinat de T'oung-eul-kéou.

« Cette idée plut au père de Gemma ; il retourna

au village. Le bon ange de la petite aveugle avait triomphé.

« Notre rusé Chinois cacha alors sous sa brouette, entre deux planchettes, trois ligatures de sapèques, soit quinze francs. Son intention était, dans le cas où l'on ne voudrait pas recevoir sa fille, d'offrir cet argent à l'orphelinat, afin de faciliter l'admission, et de promettre beaucoup d'argent pour plus tard. Ces ressources de la diplomatie furent bien inutiles ; car le Père Directeur ne fit aucune difficulté pour admettre l'aveugle. Il exigea seulement de Bœuf noir un acte écrit qui dégageait l'orphelinat de toute responsabilité, en cas d'accident, de maladie ou de mort de Gemma.

« Quelques jours plus tard, son oncle maternel apprit où se trouvait l'aveugle ; et les païens lui persuadèrent que déjà nous lui avions arraché les yeux et le cœur. Aussi, hors de lui et furieux, courut-il à Lieou-lin-tsoan, réclamant sa nièce et menaçant son beau-frère de l'accuser devant le mandarin de parricide.

« Bœuf noir épuisa son éloquence et fit jouer tous les ressorts de la souplesse chinoise pour calmer le sire et l'amener à composition ; tout fut inutile. L'unique ressource fut de l'accompagner à l'orphelinat et de prier le Père Directeur de lui laisser voir sa nièce.

« Le Directeur, habitué à ces sortes de scènes, se troubla fort peu et fit venir l'aveugle, accompagnée de la vénérable Supérieure... Miracle ! Le P. Directeur n'avait pas été trop gourmand : Gemma avait encore ses yeux, son cœur, ses jambes, ses bras, et même ses oreilles. Elle-même raconta qu'on ne la maltraitait pas, qu'on veillait sur elle avec toute espèce de bons soins, qu'elle était contente et ne voulait pas partir. L'oncle, la bouche béante et les yeux hagards, ressemblait à un homme qui sort d'un profond sommeil. Quand il eut recouvré la parole, il se déclara satisfait, engagea sa nièce à rester dans l'orphelinat et fit même des excuses au prêtre.

« Ici la scène change.

« Le P. Directeur hérissa sa moustache, prit une pose et un ton de gendarme, et s'exprima à peu près en ces termes :

« Halte-là ; la chose ne passera pas ainsi. Mainte-
« nant je te connais ; ton cœur n'est pas bon. Si ta
« nièce était morte ici, tu aurais fait contre moi des
« calomnies, des accusations sans fin ; tu aurais dit que
« je lui avais arraché les yeux, le cœur, les entrailles.
« Et, si maintenant ta nièce vient à mourir, tu agiras
« de même envers moi et cet orphelinat ; car, ton cœur

« est perfide. Mais cela n'arrivera pas. Mon devoir
« est d'éviter toutes ces avanies. C'est pourquoi,
« reprends ta nièce ; moi, je n'en veux plus. Et si tu
« ne la reprends pas immédiatement, demain je te
« l'enverrai par quatre gaillards qui n'auront pas peur
« de toi. Reprends ta nièce ; je n'en veux plus. »

« Le ton fait la chanson, dit-on en France ; aussi,
le citoyen était-il atterré. Il abandonna la série de
ses arguments précédents, et entra dans un autre
ordre de considérations très usité en Chine. Il prit
des airs de chat qui fait le beau, et miaula :

« Maître... Votre Excellence a parlé avec raison
« et justice. Mais, qu'elle considère, je l'en prie,
« que je ne suis pas chef de famille ; j'ai encore mon
« vieux père. Sans lui, je ne peux rien faire. Que
« Votre Excellence m'accorde trois jours pour aller
« prendre les ordres de mon père. »

« Le prêtre, continuant son rôle de gendarme du
bon Dieu, fit naturellement des difficultés ; puis,
finit par consentir ; et tout ce beau monde se hâta
de passer la porte.

« Le lendemain, de bon matin, un vénérable vieillard se présentait à l'orphelinat, timide et modeste,
suivi d'un homme encore plus humble. Qui aurait
pu reconnaître notre individu de la veille ? Il avait

tout à fait l'air d'une jeune religieuse qui vient de prononcer ses premiers vœux.

« Ces deux Chinois s'avancèrent ainsi vers le P. Directeur qui conservait la pose du soldat sous les armes, et, avec accompagnement de mille et mille révérences, lui demandèrent, de la voix la plus flûtée, pardon de leur audace et de l'affront fait la veille.

« Faites-moi grâce de vous répéter les périodes de leur belle et touchante oraison.

« Bref, ils firent, par devant le maître d'école et plusieurs témoins, une déposition écrite pleine de louanges de la *Sainte-Enfance*, et par laquelle ils s'engageaient à ne faire jamais valoir aucun droit par rapport à leur petite-fille et à leur nièce.

« Ensuite, père et fils retournèrent chez eux et, pendant plusieurs jours, ne cessèrent de glorifier la charité de l'Œuvre. Ainsi dissipèrent-ils en partie, dans leur pays, les vieilles absurdités que débitent les païens et qui, malgré tant de faits évidents, sont répétées de bouche en bouche, de village en village, de génération en génération.

« De son côté, Gemma, qui est une bonne et douce enfant, a déjà appris beaucoup de prières ; elle a été baptisée sous le nom de Marie, et bien qu'aveugle,

elle sait rendre beaucoup de petits services, surtout
à la cuisine.

« Voici maintenant un autre joli trait ; un prêtre
indigène, le P. Stanislas, me l'a raconté.

« Durant l'une de ses missions dans le district de
T'oung-eul-kéou, un chrétien vint lui dire :

« Père spirituel, hier un païen est venu trouver le
« pécheur. »

« Il vous faut savoir un usage de notre région.
Quand un chrétien s'adresse à un prêtre, il ne lui
parle de lui-même qu'en se nommant le pécheur,
Tsoei-Jen.

« Ce païen m'a annoncé que sur la haute monta-
« gne se trouve une vieille femme qui désire ardem-
« ment parler à quelqu'un de la religion d'Occident.
« Le pécheur, Père, se reconnaît trop stupide pour
« tenir une conférence sur la religion et il vient pré-
« venir le Père spirituel du désir de la vieille femme. »

« Le prêtre fit au chrétien plusieurs questions ;
mais celui-ci ne connaissait que les paroles du païen.

« Le lendemain, après la messe, le P. Stanislas
se dirigeait vers la haute montagne. Elle était raide
et difficile ; mais, grâce aux bonnes pattes de son
mulet, le prêtre arriva sans accident au hameau qu'habitait la vieille.

« En s'informant de sa demeure, il apprend que celle-ci est mère de quatre fils qui occupent deux places de satellites dans le tribunal de l'arrondissement. Même en Chine, les fonctions de satellites ou bourreaux sont peu honorées ; mais, comme elles sont très lucratives, il n'y a jamais de place vacante.

« Cette nouvelle tomba sur les épaules du prêtre comme un seau d'eau froide ; cependant, il se dirigea vers la maison indiquée. Il fut poliment reçu par deux hommes qui, après avoir appris qu'il était Maitre de la religion d'Occident, l'introduisirent près de leur mère et se retirèrent.

« La vieille, après avoir épuisé tout le cérémonial des politesses chinoises, se mit à raconter son histoire.

« Quand j'étais petite enfant, j'habitais dans la
« plaine. Mon père était très méchant et ma mère
« pleurait souvent. Un soir, après avoir beaucoup
« pleuré, ma mère me dit :

« Tu vas nous quitter ; ton père t'a vendue, afin
« que, devenue grande, tu sois épouse sur la haute
« montagne. Demain, des hommes viendront te
« chercher. Tu vas me promettre de ne jamais éle-
« ver les mains ou plier les genoux devant les
« statues de boue ou de bois ; tu vas me promettre

« de réciter tous les jours les deux formules que je
« t'ai enseignées. »

« Et je le promis.

« — Quelles sont ces formules, demanda le prê-
« tre avec vivacité ?

« — Je ne le sais pas, répondit la vieille, je ne
« les comprends pas.

« — Récite toujours, dit le prêtre.

« Et la vieille de commencer :

« *T'ai l'ien ngo teng fou tché, ngo teng iuen eul ming*
« *hien cheng ; eul kouo lin ko,*... c'est-à-dire en français :
« Notre Père, qui êtes aux cieux, que votre nom soit
« sanctifié, que votre règne arrive, etc..... »

« Et l'autre formule, demanda le prêtre, quelle
« est-elle ?

« — Elle est encore plus incompréhensible. Cepen-
« dant la voici :

« *Iaou, Malia, maen pei nge la tsi ia tché. Tchou*
« *iu eul shiai ien, gniu tchoung eul wei tsan mei,* etc...
« en français : Je vous salue, Marie, pleine de
« grâce, le Seigneur est avec vous, vous êtes bénie
« entre toutes les femmes, etc... »

« On comprend l'émotion du P. Stanislas. Il se
trouvait en face d'une chrétienne. Pour s'en assurer,
il questionna la vieille.

« Est-ce que ta mère, le matin et le soir, ne se
mettait pas à genoux pour réciter des formules ?

« — Je ne m'en souviens pas, Maître.

« — Est-ce que ta mère, avant de manger, *ne
peignait pas sur elle le chiffre de dix ?* (expression chinoise pour signifier faire le signe de la croix. Le
chiffre dix est une croix.)

« — Je ne me le rappelle pas, Maître.

« — Est-ce que ta mère ne t'a pas dit, qu'après
« ta naissance, tu avais été lavée par une eau sainte
« (baptisée) ?

« — J'en ai quelque souvenance, Maître. »

« Et la vieille femme continua son récit :

« Quand je fus grande, je devins épouse dans cette
« maison. Jamais, Maître, je n'ai oublié les paroles
« de ma mère. Jamais je n'ai élevé les mains ou flé-
« chi les genoux devant les statues (idoles). Vois,
« Maître, il n'y en a pas dans ma chambre. Jamais,
« pas même un seul jour, je n'ai oublié de réciter
« les deux formules. Maintenant, je suis vieille ; je
« vais bientôt *saluer le siècle* (mourir) et je ne suis
« pas tranquille ; je désirais, depuis longtemps, par-
« ler avec quelqu'un de la religion d'Occident.
« Pourquoi ? Je n'en sais rien ; mais cette idée me
« poursuivait. Et je suis très contente de savoir que,

« toi, tu es maître dans cette religion sainte. »

« Dans son cœur le P. Stanislas bénissait le Seigneur. Il parla à la vieille du bon Dieu, des vérités nécessaires à connaître pour être sauvé. La vieille souriait, était contente, heureuse, admettait tout. On sentait qu'elle avait reçu au baptême le germe de la foi. Le prêtre lui parla de la rémission des péchés, la confessa et la laissa toute à son bonheur.

« Déjà, le P. Stanislas avait rejoint son mulet, que la pauvre femme lui souhaitait encore *mille félicités*, en l'appelant *Chen-Fou*, c'est-à-dire *Père spirituel*.

« Un an plus tard, quand le Missionnaire fut près de la haute montagne, il alla visiter sa vieille. Les infirmités avaient fait des progrès et, après un long entretien et une bonne confession, le prêtre administra à la chrétienne le sacrement de l'Extrême-Onction. Quelques jours plus tard, il apprenait que la mère des satellites était passée à une vie meilleure avec le plus grand calme.

« Et le P. Stanislas d'ajouter à son récit :

« Touchant exemple de l'efficacité de la prière !
« Réciter chaque jour un *Pater* et un *Ave Maria*,
« c'est peu de chose en apparence, et cependant,
« quels fruits ces prières ont produits sur une haute
« montagne ! »

« Ces fruits ne sont pas exclusivement des fruits
« de Chine. Ils se cultivent et se récoltent sous tous
« les climats. »

La nouvelle de la guerre entre la Chine et le Japon
parvint au P. Hugolin vers cette époque ; il craignait
que son père et sa sœur ne s'alarmassent, et il se
hâta de prévenir leurs inquiétudes :

« L'empire chinois, leur dit-il, l'Empire Céleste,
(comme ils se nomment eux-mêmes par modestie)
est en guerre, et certainement tous vos journaux
vous conteront des nouvelles à n'en plus finir, puisqu'ils sont obligés de fournir, tous les jours, trois
pages de vérités ou de mensonges. Et dans ces nouvelles vos excellents cœurs trouveront à s'alarmer
pour moi. Et vraiment il n'y a pas de quoi.

« Au mois d'octobre, nous avons pu savoir que la
guerre se faisait contre le Japon, et maintenant
tous les Chinois savent avec quelle facilité ils sont
battus partout par les Japonais. Comme les Chinois
ont toujours des ressources toutes prêtes dans leur
fécond génie, ils s'excusent en disant que huit
puissances européennes (parmi lesquelles ils citent
même la Hollande) aident les Japonais...

« Nous avons lu le décret dans lequel le jeune
empereur de Chine, *Koan-Siu* (il a vingt-trois ans) a

déposé le ministre des affaires étrangères, qui est
en même temps ministre de la guerre et de la ma-
rine, le trop fameux *Li-Houng-chang*, et lui a enlevé
le droit de porter le pardessus jaune, privilège plus
glorieux que le bâton de maréchal de France. A sa
place, il a nommé le prince *Kung*, qui est le frère
aîné du père de l'empereur. Pour comprendre cela,
il faut savoir que le dernier empereur est mort à
l'âge de vingt ans sans laisser d'héritier, et l'impéra-
trice mère a adopté, selon les lois de l'empire,
l'empereur actuel qui alors n'avait que trois ou quatre ans. Voilà comment le prince Kung est l'oncle
de l'empereur et n'a pas droit au trône. Déjà autrefois le prince Kung a occupé la charge dont il est
revêtu maintenant ; il a fait preuve de talents admi-
nistratifs et d'intégrité et il était aimé. Mais actuellement il est vieux, et tout est en désordre ; que
pourra-t-il faire ?..... C'est ce que l'avenir nous
dira.

« Il paraît que *Dame Pauvreté* a pris domicile dans
le trésor impérial, puisque le gouverneur de notre
province cherche à *emprunter*, au nom de l'empereur,
de l'argent aux négociants, lesquels forment en
Chine une sorte d'aristocratie. Mais, jusqu'à présent, les négociants de la métropole de Taï-uien-fou

et des villes environnantes n'ont pas encore retrouvé la clef de leurs coffres-forts.

« Par ailleurs, l'ordre le plus parfait n'a pas cessé de régner, malgré la guerre, dans les montagnes du Chan-si, et il n'y a jusqu'à présent, dans notre province, aucun signe de perturbation. Du reste, nous autres Missionnaires, c'est par ordre du bon Dieu que nous sommes venus ici, et le catéchisme nous a appris qu'il n'arrive rien que ce que la Providence ordonne ou permet. »

A cette même époque semble se rapporter la plaisante narration que voici, vrai petit chef-d'œuvre de gaieté gauloise, en même temps que tableau fidèle des sacrifices de la vie apostolique. En l'envoyant en Europe aux Franciscaines Missionnaires de Marie, le P. Hugolin l'intitulait : *La poésie des voyages.*

« Un Frère Mineur Missionnaire était en voyage pour obtempérer à Dame Obéissance. Par discrétion, nous ne dirons pas son vrai nom. Appelons-le le P. *Tromblon,* sans beaucoup de cérémonie. (Le lecteur devine qu'il s'agit du P. Hugolin lui-même.) La route que devait parcourir le dit P. Tromblon était carrossable. Aussi, on lui payait le luxe très peu franciscain d'une voiture.

« Certes, ce n'était pas un carrosse tiré par deux

fringants coursiers, mais une caisse-véhicule, sans
ressorts, à une seule place et voûtée commes ces
fours de campagne qui suivent les armées françaises.
On est assis là-dedans à plat et on doit conserver, si
on le peut, les jambes croisées comme les tailleurs,
quand ils tirent l'aiguille.

« Toute cette machine roulante est fixée derrière
un mulet et, dans le pays que nous habitons, les
mulets ne courent jamais. Ainsi sont-ils formés dès
leur jeunesse. La Chine étant, par excellence, le pays
des traditions, celui qui voudrait faire le moindre
changement à ce mode de voyager y perdrait son
latin, son grec et bien d'autres choses.

« Déjà l'oreille du P. Tromblon lui annonçait
que tout était prêt ; mais cet original attendait l'heure
fixée la veille.

« C'est un arrière-goût de la civilisation européenne.

« Les Missionnaires en tournée pastorale sont,
d'ordinaire, partout et toujours, accompagnés d'un
catéchiste qui, en voyage, fait aussi fonction de fourrier et de procureur. La position sociale du vieux
P. Tromblon ne lui permettant pas les services d'un
catéchiste, il voyageait seul.

« A 5 heures très précises, il ouvre la porte, et se

trouve en face de l'instrument roulant, d'un mulet et d'un homme.

« Aujourd'hui, dit le P. Tromblon à ce dernier, « tu as été très exact. Tu as bien fait. Tu le sais « l'étape sera longue ; nous avons dix lieues à fran- « chir. »

« Et l'automédon de répondre :

« Je le sais, Père spirituel. »

« A ce mot, vous avez reconnu que le conduc- teur était chrétien. Un païen bien éduqué se serait contenté de dire : « Maître. »

« Le Missionnaire s'étant hissé sur la plateforme du véhicule et ayant arrangé ses jambes et frotté ses genoux endoloris par anticipation ou mieux par appré- hension, *Sin-koan* (1) prit son sceptre en main, cria *iri, iri, iri,* et le tout s'ébranla.

« L'air frais du matin, le renouveau qui embel- lissait de fleurs et de verdure les arbres et les champs, les mélodies des oiseaux, qui préparaient leurs demeures aériennes, tout charmait la vieille âme du P. Tromblon, et il entra dans des contemplations moitié mystiques, moitié poétiques.

« Jadis, se disait-il, dans mon pays natal, pour

(1) En français, *Cœur large.*

faire dix lieues, je prenais ce qu'on appelle, je ne
sais pas pourquoi, *le train*. Parfois, je me trouvais
assis en face de personnes très honnêtes et fort vénérables. Elles disaient leur chapelet, lisaient dans le
Manuel du Tiers-Ordre et me faisaient partager leur
repas.

« D'autres fois, j'eus pour vis-à-vis des dragons qui
partaient en congé et qui venaient de noyer, chez le
cabaretier du coin, les ennuis causés par le colonel et
le brigadier.

« Plusieurs fois, j'eus devant moi, dans le train,
un produit malsain d'une grande ville, ou une respectable nourrice qui devait rassasier un poupon
criard et l'entretenir dans un état de propreté digne
d'un pays civilisé... Arbres, maisons, tunnels, via-
ducs, ponts, paysages, vignes, forêts, champs, tout
passait, tout fuyait, tout tournait comme la tête du
voyageur. Mon âme ne pouvait s'élever vers DIEU,
écrasée qu'elle était par tout ce progrès...

« Tout à coup, j'entendais un sifflet strident lancé
par le monstre de feu, et on criait, on hurlait :

« Coursan... Coursan... Buffet... Cinq minutes
d'arrêt. »

« Moi, j'étais arrivé... Je sortais de ce qu'on a
surnommé *la gare,* la figure et les mains noires de

fumée, mon cher habit couvert de poussière, le corps broyé, la tête bourdonnante. Je n'avais rien vu, rien distingué, rien admiré parmi les chefs-d'œuvre du Créateur. Peu importe, je n'avais été dans le train qu'une heure, et j'avais fait dix lieues... Voilà le progrès !... Oh ! civilisation !...

« Maintenant, j'ai évacué tout ce qui est du lièvre et je cours comme la tortue. Le mulet qui a l'honneur de me tirer, chemine d'un pas de sénateur, et moi, je regarde, je vois, je contemple.

« J'admire et j'adore Dieu sur une fleur de jujubier, sur la tige du blé, sur la feuille du millet. Les troupeaux de moutons me prêchent l'obéissance, la douceur, la pauvreté ; les troupeaux de chèvres me montrent l'activité du zèle et les chevreaux qui folâtrent me disent la sainte liberté des enfants de Dieu. Les bergers me rappellent tous mes devoirs.

« Je traverse des villages. Là, je remarque et je respire toute autre chose que des pois de senteur. Les animaux à grouin, que je vois se vautrer dans la boue, me rappellent ces pauvres païens pour qui Dieu m'a envoyé ici, et aussi nos libres-penseurs et nos libres viveurs de France...

« J'observe des pagodes, des figures du diable, grandes et petites ; mais je vois aussi des enfants auxquels il ne manque que le baptême pour être dignes du beau ciel. Je demande à Dieu de les prendre en pitié.

« Par les portes entr'ouvertes, j'aperçois des femmes au nez camus et aux yeux taillés en amandes. Je constate que partout les filles d'Ève sont curieuses ; car celles-ci rient de mon nez aquilin et de mes yeux ronds, qu'elles disent être des yeux de bœuf.

« Je rencontre des caravanes de chameaux ; ils me rappellent Joseph vendu par ses frères et l'action admirable de la Providence. Ces animaux ruminants, si précieux par leur sobriété et leur docilité, me reportent toujours aux souvenirs bibliques et cela me dilate le cœur.

« Grâce à l'allure pacifique du mulet, je sens, je palpe que je suis un être vivant, et j'en remercie le bon Dieu. Du haut de mon véhicule, je *trône* sur la création. Je voyage ; la vie est un voyage et, pourvu que j'arrive à la dernière station avec l'âme en bonne santé, je serai en bonne compagnie pour toute l'éternité.

« Mais, voyez donc ce roquet ! Il a flairé un Européen et il vient aboyer contre ma voiture. Il me représente les attaques du démon. Va-t-en, chien hargneux !

« J'entends des gamins qui crient à mon nez et à ma barbe : « *Ian Koui tzen* (diable d'Occident), » et je murmure : « O Dieu, éclairez ces petits diables « de l'Extrême-Orient. »

« Je... je... je... »

« Il en était là de sa méditation, le vénérable et mystique P. Tromblon, quand un cahot, plus violent que les autres, fit battre sa tête chauve contre la caisse roulante, et il se mit à saigner du nez. Si c'était la première fois... et la dernière aussi !... Mais non.

« Sin-Koan, pour faire preuve du zèle, se mit à battre son mulet, tout comme eût fait un Européen. Quel est le plus sot des deux ? Réponse : Ce n'est pas celui qu'on croit généralement. Mais n'imitons pas le mulet chinois, et précipitons la narration.

« Donc, le P. Tromblon avait déjà roulé plusieurs heures sur ce qu'on décore, par euphémisme, du nom de route et même de route *impériale*. Il n'était que onze heures ; mais son estomac lui disait qu'il était midi.

« Père spirituel, dit Sin-Koan, nous serons bien- « tôt à Toun-jou.

« — Ouf ! » soupira délicieusement le Missionnaire.

« Le mulet lui-même avait flairé la grande halte, et il se piquait un peu de vivacité, pas trop cependant.

« Bref, le P. Tromblon est dans le village de Toun-jou ; il passe sous la porte-cochère de *l'hôtel continental* du lieu ; il descend de son véhicule, s'étire en tous sens et entre dans l'une des salles toujours ouvertes aux voyageurs.

« Un garçon d'hôtel, dont toute la livrée se composait de deux pièces, un pantalon de toile bleue, propre à l'origine, et des pantoufles sans talon qui voilaient une partie des pieds, s'empresse d'apporter deux bâtonnets enflammés pour allumer une pipe et une bouilloire en fer remplie d'eau bouillante.

« C'est une tradition invariable dans tout le Céleste-Empire.

« Garde tes deux *shian* pour d'autres, lui dit le « P. Tromblon. Moi je ne fume jamais. Vois, je « n'ai pas de pipe. »

« Cette première observation étonna Gugusse, tant la pipe est chose universelle en Chine.

« Cependant, il avait rempli d'eau bouillante une grosse tasse jaune en terre.

« Et le thé, demanda le voyageur, où est-il donc ? »

« — Maître, répondit Gugusse avec désinvolture, « ici il n'y a pas de thé. »

« La chose était peu grave, vu que les Missionnaires ont l'habitude de porter avec eux une petite
provision de thé. Cela sert à se rafraîchir et à se faire
des amis.

« Pendant que le P. Tromblon humait son thé,
Gugusse contemplait le nez et la barbe de l'Européen.

« Que vas-tu m'apporter pour dîner ?

« — Maître, nous avons ici de la farine de pur
« froment. » Et il ajouta, d'un ton plus bas, en se
grattant l'oreille : « Un peu mélangé. »

« — Sans doute, repartit l'homme blanc. Est-ce
« que tu n'aurais pas des œufs ?

« — Maître, ici il n'y a pas d'œufs ; mais on peut
« s'en procurer dans le village.

« — Oh ! ce n'est pas la peine de perdre une heure
« pour cela. Apporte-moi une tasse de pâte de pur
« froment *un peu mélangé*. Seulement, tu y mettras
« du *tio*. »

« C'est un condiment fortement épicé, inconnu
en Europe, qui donne aux pâtes un goût *sui generis*.
Et l'homme jaune disparut. Le P. Tromblon de
penser :

« Aujourd'hui c'est jeudi ; mais je vois que je
« vais faire vendredi. Quand j'étais novice, il y a
« de cela vingt ans, on me disait que tous ces acci-

« dents servaient à tresser la couronne des élus. J'ai
« fini par m'en convaincre. »

« Pour charmer ses loisirs, le voyageur se mit à
visiter minutieusement la salle à manger.

« De chaque côté, il y avait un grand lit en briques, facile à chauffer par dessous et couvert de
vieilles nattes de jonc. Au milieu de l'appartement,
rien, absolument rien, pas même un escabeau. Sur
l'un des lits, trônait une petite table carrée haute
d'un pied. C'est sur cette table que les délicats, après
s'être assis sur le lit les jambes croisées, prennent
leur repas. Les non délicats s'accroupissent n'importe
où, leur écuelle à la main.

« Les fenêtres avaient été bouchées autrefois par
des feuilles de papier ; mais bien des déchirures permettaient aux miasmes de s'échapper plus facilement.
Pour parquet, la terre nue et sale ; pour plafond,
la paille qui, recouverte de boue, forme les toits,
presque toujours plats.

« Nota : assez souvent on peut observer la lune
et les étoiles à travers le toit ; d'autres fois on doit
dormir avec le parapluie ouvert, comme cela est
arrivé au P. Théodoric, du diocèse d'Albi.

« Pendant cette inspection, voilà que le P. Tromblon reçoit une visite bien inattendue.

« Deux personnages assez gros entrent, tout en grognant, et se mettent à *tourner* aussi gracieusement que possible autour du Frère Mineur. Celui-ci d'abord prit la chose en riant et pensa :

« Voilà des êtres qui se trompent. Ils me prennent « apparemment pour saint Antoine abbé, et viennent « me tenir compagnie!... Je savais déjà que la Chine « est le pays de la liberté. Est-ce que ces visiteurs « viennent m'apprendre que c'est aussi le pays de la « fraternité ? »

« Mais une pensée plus triste sillonna l'esprit du P. Tromblon :

« Ces *oiseaux-là*, se dit-il, dans ce pays, mangent « parfois, à ce que l'on raconte, de petits enfants. Et « si cette délicate pâture leur avait donné du goût « pour la chair européenne? S'ils voulaient par dévo- « tion emporter un morceau de mes mollets? Oh! j'en « ai la chair de poule !... Oui, certainement ces ani- « maux sont suspects... Allez-vous-en ; hors d'ici! »

« Et aux accents d'une langue européenne, le P. Tromblon ajouta par les mains et les pieds des gestes significatifs. Les visiteurs, épouvantés de tant d'érudition et d'éloquence, en grognant, en retroussant leur queue en trompette, s'enfuirent de toute la vitesse de leurs quatre pattes ; car, ces visiteurs étaient des animaux, de vrais quadrupèdes, des citoyens de très basse-cour, de l'espèce porcine.

« Certes, ce n'est pas à Paris qu'on trouverait tant de familiarité, du moins de la part des... cochons, pour employer le mot réaliste.

« Sur ces entrefaites, Gugusse revint.

« Nous l'appelons Gugusse, faute de savoir son vrai nom.

« Il portait triomphalement une tasse de pâte de farine de pur froment un *peu mélangé* et une paire de bâtonnets en bambou, en guise de cuiller et de fourchette.

« Selon les rites admis dans tout l'empire, il aurait dû présenter ses mets sur un plateau de bois peint en rouge. Cet hôtel de Toun-jou était apparemment en grève avec les rites.

« Le missionnaire retourna les bâtonnets en tous sens et constata qu'ils avaient déjà servi à plusieurs générations. Un haut-le-cœur lui ramena jusque dans la gorge les goûts européens. Que faire ?... Battre en retraite pour deux bâtonnets ; cela ne convient pas à un vétéran. Mais alors ?... Pas de milieu : ou se brûler les doigts ou se servir de ces bâtonnets.

« Voilà César devant le Rubicon !

« Comment le P. Tromblon a-t-il tranché la

question, c'est ce que nos plus vives instances n'ont pu savoir. Il n'a jamais voulu nous dire autre chose sinon que de longs morceaux de pâte ressemblant assez au macaroni italien arrivaient successivement à la surface de la tasse et de là passaient joyeusement dans son estomac.

« Pendant que l'affamé dégustait son potage maigre, la conversation s'engagea avec le garçon de l'auberge.

« Dis-moi, que vend-on donc dans ce grand hôtel ?

« — Maître, on vend de la farine, de l'eau bouil-
« lante, et de la paille de millet hachée pour les
« mulets et les chameaux. Avec cela, personne ne
« meurt de faim.

« — C'est vrai ; mais avec cela ton patron ne trou-
« vera jamais la félicité et la richesse.

« — *Pou Che i ting*, ce n'est pas certain, » répondit simplement le Chinois.

« Gugusse était un jeune homme aimable et tant soit peu bavard. Il débitait avec plaisir une foule de choses intéressantes, surtout pour ceux qui connaissent la région et le village.

« Pendant cette conversation, la pâte de pur froment *un peu mélangé* avait disparu.

« Le voyageur était de bonne humeur et de bon

appétit. L'un soutient l'autre. Il dit au garçon :

« Puisque tu ne vends que de la farine, de l'eau
« bouillante, et de la paille, apporte-moi une autre
« tasse de pâte. »

« A ces mots, le Chinois se précipita dans une
cambuse noire qui, vraisemblablement, devait être la
cuisine. Mais le P. Tromblon, qui n'est pas un Jean-
Baptiste de Rossi, n'eut pas la tentation d'aller faire
une descente dans cette catacombe des corps gras.

« L'homme reparut bientôt, avec une tasse sem-
blable à la première. Quand la conversation et la
farine furent terminées, ce fut le quart d'heure de
Rabelais.

« Combien te dois-je pour ce grand dîner ? »
demanda le voyageur.

« Et l'autre de miauler, la bouche en cœur :

« Une si belle tasse de si pure farine de si bon
« froment assaisonnée avec un *tio* si exquis, c'est
« quinze sapèques... C'est pour rien, et on ne gagne
« pas là-dessus une sapèque. Deux tasses, c'est donc
« trente sapèques. »

« Or, trente sapèques font quinze centimes de la
monnaie française.

« Trente sapèques, trente sapèques, disait le Missionnaire étonné, vraiment ce n'est pas cher ! »

« Mais son étonnement n'était rien, en comparaison de la stupeur de Gugusse, habitué qu'il est à entendre tous les voyageurs lui marchander le prix de sa farine et de sa paille.

« Certains croient que les Religieux dans les missions ne peuvent pas observer la vertu de pauvreté. C'est tout le contraire qui est la vérité.

« Le respectable P. Tromblon essuya sa moustache plus que grise sur le revers de sa main, comme un vieux troupier qui vient de vider sa gamelle, récita son action de grâces ; c'était fini.

« De la digestion, on n'en parle pas, vu que les cahots du véhicule précipitent cette opération d'une manière étonnante. Remède recommandé aux personnes qui souffrent de digestions difficiles.

« Quand le mulet eut fini de manger sa paille de millet hachée et quand Sin-Koan eut terminé de happer un nombre considérable de tasses de farine réduite en pâte, toute la machine se remit en route pour exécuter encore une course de trois heures !... »

Que faut-il conclure de la lecture de ces charmantes pages, sinon qu'au noviciat de Branday, le P. Hugolin avait fait une étude sérieuse, un apprentissage réel des vertus missionnaires ? Car il ne faut pas s'y méprendre, les privations et mortifications si joyeu-

sement supportées à Toun-jou eurent plus d'un acte ;
les bâtonnets de *plusieurs générations*, et le dîner de
trois sous, avec la pâte de *pur* froment *un peu mélangé*, reparurent, bien des fois, sous d'autres noms,
durant les douze ans de missions du cher Père. S'il
n'y avait été formé dès le début de sa vie religieuse,
eût-il accepté tout cela de si bon cœur ?

CHAPITRE X

LES DERNIERS COMBATS

(1895-1897)

Lettres à Pékin. — Un carrosse idéal. — Directeur *d'en-
soutanés*. — La mort d'un père et la douleur d'un fils.
— Sur le déclin. — *In domum Domini ibimus !* — Lit
d'agonie. — *Vrai* Frère Mineur et *va-nu-pieds* apostolique.

Non content de confier au P. Hugolin les fonctions de Maître des Novices, Mgr Grassi l'avait chargé, paraît-il, de la rédaction des lettres adressées à Pékin et de toutes les relations destinées soit à l'Œuvre de la Propagation de la Foi, soit à celle de la Sainte-Enfance.

En 1895, certaines tracasseries des mandarins ayant obligé le Vicaire apostolique à recourir au Ministre de France et à M. Favier, Lazariste (1),

(1) Élevé à l'épiscopat trois ans plus tard, en 1898, et nommé vicaire apostolique du Tché-ly septentrional, avec résidence à Pékin.

voici les lettres que le R. P. Hugolin leur écrivit alors, au nom de Mgr Grassi :

Taï-üen-fou *(Chan-si septentrional.)*
le 10 juin 1895.

Monsieur le Ministre,

« Nous nous sommes grandement réjouis de la conclusion de la paix entre la Chine et le Japon et de la part glorieuse qui en revient à votre initiative.

« Le moment est peut-être venu de régler enfin trois difficultés qui sont pendantes, depuis longtemps, et qui sont fort importantes pour le succès des missions placées sous le protectorat de la République française.

« Permettez-nous de vous exposer ces trois difficultés :

« 1° Les mandarins ont fini par savoir pratiquement que les chrétiens sont, par déclaration impériale, dispensés des superstitions païennes ; mais ces fonctionnaires ne peuvent pas, ou ne veulent pas croire que le culte rendu à leur Confucius soit superstitieux. De là, une foule de difficultés pour nous, toutes les fois que les fonctionnaires chinois ordonnent de bâtir ou de restaurer les temples consacrés à ce philosophe. Il y a là, non seulement une

source de difficultés, mais encore une occasion d'i-
nimitiés entre nous et un bon nombre de mandarins, du reste bien disposés en faveur de notre
sainte religion.

« 2ª En 1887, le Ministre de France, M. Lemaire,
sur les instances de notre Vicaire général, le P. François Fogolla, obtint du *Tsoung-li-yamen* une déclaration, permettant aux chrétiens de subir librement
les épreuves du baccalauréat. Cette déclaration, si
nous avons bon souvenir, est du 3 décembre 1887.
Elle fut alors suffisante ; mais elle ne fut pas publiée
officiellement par le gouvernement des lettrés. C'est
pourquoi, de temps en temps, des mandarins civils
ou militaires font encore des difficultés sur ce point.

« Ce qui est plus grave, en cette matière, c'est
que les mandarins veulent obliger les chrétiens reçus
bacheliers à se rendre à la pagode de Confucius pour
y faire les prostrations de rite, avant d'être mis en
possession de leur titre de bacheliers. Les chrétiens
étant, de par l'Empereur, reconnus exempts des
superstitions païennes, n'ont rien à faire avec le
culte de Confucius. Mais, les mandarins, comme
nous l'avons dit plus haut, ne peuvent pas ou ne
veulent pas ranger parmi les superstitions le culte
de leur grand philosophe.

« Nous croyons, Monsieur le Ministre, qu'il serait bien glorieux pour votre administration d'obtenir une déclaration impériale qui apprît à tous les fonctionnaires chinois : 1° Que les chrétiens sont dispensés de concourir à la construction ou à la réparation des temples de Confucius ; 2° qu'ils sont libres de subir les examens scolaires, comme tous les autres sujets de l'empereur, sans déclaration préalable de leur religion ; et 3° qu'il leur suffit, après leurs succès littéraires, d'aller remercier le *Lao-seu* en lui faisant les offrandes et les prostrations d'usage, sans se rendre à la pagode. En provoquant cette déclaration, vous feriez une œuvre bien agréable à tous les évêques de Chine.

« 3° Une autre cause d'ennuis, bien pénibles pour nous, est la manière dont les mandarins nous traitent, évidemment de parti pris et après entente.

« Demandons-nous une audience pour affaire grave et urgente ? Le fonctionnaire chinois a cinquante raisons très aimables et très polies pour ne pas nous recevoir. Lui écrivons-nous ? Notre lettre demeure presque toujours sans réponse. Lui faisons-nous une visite de politesse, pour le nouvel an, par exemple ? Il ne restitue pas la visite et ne daigne même pas envoyer sa carte. En un mot, les fonctionnaires nous traitent comme des suspects, pour ne pas dire comme des ennemis.

« Dans les premiers jours de décembre 1867, notre vénéré prédécesseur avait, par l'entremise de M. de Lallemand, ministre de France, obtenu du Tsoung-li-yamen, une décision qui commandait au gouverneur du Chan-si de recevoir l'évêque, toutes les fois qu'il aurait à traiter des affaires concernant la religion. De plus, cette décision enjoignait au gouverneur d'intimer aux mandarins subalternes l'ordre de recevoir l'évêque, toutes les fois qu'il demanderait audience pour affaires religieuses. Dans la suite des temps et par le changement de gouverneur, cette décision est tombée en oubli pratiquement.

« Ne pourriez-vous pas, Monsieur le Ministre, en vue de faciliter la solution des difficultés, obtenir du gouvernement chinois une convention générale pour réglementer les rapports entre les mandarins et les évêques ?

« Ce serait bien utile pour la propagation de la religion et bien glorieux pour le gouvernement de la République française.

« Dans l'espérance que vous prendrez en considération notre requête, nous vous prions d'agréer,

Monsieur le Ministre, l'assurance de notre profond respect. »

Il envoyait, en même temps, toujours par ordre de Mgr Grassi, l'explication suivante à M. Favier, le futur vicaire apostolique du Tché-ly septentrional:

« Vénéré Monsieur,

« Ce n'est pas sans raisons que nous vous adressons quelques *postulata* à soumettre à M. le Ministre de France.

« Depuis le voyage du R. P. François, à Pékin, les candidats chrétiens aux examens militaires ou civils ont toujours eu des difficultés pour être admis aux épreuves. Les vexations ont été plus ou moins grandes selon les cas. Cependant, la vérité est que tous ont été finalement admis et reçus. Il y a un mois, semblables difficultés ont encore été faites à un candidat militaire et à un candidat civil. Nous avons pu les aplanir; mais il n'en ressort pas moins que les fonctionnaires ne cessent sous ce rapport de molester nos chrétiens.

« Quant à notre demande de faire cesser les avanies que leur causent la construction et la réparation des temples de Confucius, c'est chose aussi bien nécessaire. Vous n'avez pas encore oublié la grosse difficulté que nous avons eue l'année dernière, à ce sujet, et que vous avez fait résoudre favorablement en nous envoyant toutes les décisions utiles. Puissiez-vous faire obtenir un édit impérial qui empêche le renouvellement de pareilles misères.

« Vous voyez que nous mettons longuement à contribution votre expérience et votre influence. Nous n'oserions pas agir ainsi si nous ne savions comment, pour imiter le bon saint Vincent de Paul, vous vous dépensez pour le bien de l'Église.

« Daignez agréer, vénéré Monsieur, en union avec vos prières, l'assurance de notre affectueuse vénération. »

Ce que le Père demandait alors de la sorte, c'est-à-dire la réglementation des rapports officiels entre l'autorité chinoise et les missionnaires, ne devait être obtenu qu'en 1899, à la veille même des insurrections et des massacres qui ont ensanglanté la Chine.

Cependant, une réclamation antérieur de Mgr Grassi fut écoutée et, le 5 octobre 1895, le P. Hugolin écrivait de nouveau au Ministre plénipotentiaire de France :

« Monsieur le Ministre,

« M. Favier nous a communiqué la décision du Tsoung-li-yamen ordonnant d'enlever des livres chinois tout ce qui est contraire ou injurieux à notre sainte religion. Nous espérons que les mandarins de haut et de bas étage se soumettront à ces prescriptions. De la sorte, on n'aura plus à entendre, le 1re et le 15 de chaque lune, expliquer d'une façon officielle les sentences qui interdisent la religion chrétienne.

« Souvent, en effet, l'instructeur du peuple, s'il était un peu enragé contre les chrétiens, les représentait sous les plus sombres couleurs. On en entendit même affirmer que l'Empereur tolérait les Européens pour éviter un plus grand mal, mais que son intention était de chasser tous ces étrangers et de détruire leur religion. De cette doctrine le peuple tirait des conséquences logiques et la persuasion qu'il fallait empêcher les indigènes de se faire chrétiens et molester les fidèles.

« Maintenant que, grâce à vos démarches, nous avons entre les mains un ordre écrit, nous pourrons recourir aux autorités supérieures contre les fonctionnaires qui continueraient à mal parler en public.

« Permettez-nous, Monsieur le Ministre, de vous

en remercier. Votre dévouement pour la protection de la religion est infatigable ; les succès que vous remportez, les réparations que vous obtenez ne pourront bientôt plus se compter et il faudra vous appliquer ce mot célèbre : « Cesse de vaincre ou je « cesse d'écrire. »

« Daignez agréer, Monsieur le Ministre, l'assurance de notre profond respect. »

Entre temps, quelques courses, — elles prennent facilement en Chine les proportions de véritables voyages, — étaient venues rompre la monotonie de son séjour à T'oung-eul-kéou. Écoutons-le plutôt nous en raconter une :

« Le 1ᵉʳ juillet 1895, écrivait-il, j'avais quitté la résidence de Taï-uien-fou, où j'étais resté quelques jours, pour retourner à T'oung-eul-kéou. J'arrivai de bonne heure au fleuve qu'il s'agissait de passer. Rappelez-vous que, l'été, il n'y a pas de pont. Les prudents Chinois, je vous l'ai dit naguère, ont l'habitude de l'enlever au printemps afin que les grandes pluies d'été ne l'emportent pas ; c'est de la sagesse ou je ne m'y connais plus.

« Bon gré mal gré, il fallait traverser l'eau *en véhicule*. Ce n'était pas une petite affaire.

« Ma voiture était la première qui allait passer ce jour-là ; aussi fallait-il lui *marquer* la route avec des bâtons ; car le courant *bouleverse* le lit plusieurs fois par jour. A la vérité, l'eau n'était pas haute, mais elle était violente.

« Pendant une heure, — vous lisez bien, une heure, — j'eus le très peu agréable plaisir de voir trois hommes danser de tous côtés dans le fleuve pour trouver la route praticable, se disputer, crier, renouveler leurs épreuves. Enfin, ils se décidèrent à planter les bâtons qui devaient servir de poteaux indicateurs, et ma voiture franchit la rivière sans accident ni incident.

« De l'autre côté, la route était horrible. Je passai devant le fameux hôtel de Toun-jou, sans avoir la tentation d'y renouveler un grand dîner pour trois sous. Les mulets devaient aller jusqu'à King-seu, un beau village où sont d'abondantes sources qu'on emploie pour la culture du riz. Mais voilà qu'entre Toun-jou et King-seu je fus témoin d'un terrible accident.

« Un jeune bachelier chrétien, maître d'école dans les environs de T'oung-eul-kéou, avait profité de ma voiture pour retourner à son poste ; il était gravement assis sur le devant du véhicule. Or, à un certain endroit où ce qui sert de route n'était composé que d'ornières qui renvoyaient la voiture de cahot en cahot, le bachelier fut projeté hors de son siège et tomba si malheureusement que la roue lui passa le long d'une jambe et sur le ventre. Heureusement pour lui qu'il s'enfonça profondément dans la boue, ce qui amortit la blessure. Quand la roue passa sur lui, je l'entendis crier : *Jésou, Malia, Java !*

« L'automédon arrêta ses mulets, je me précipitai hors de la voiture, j'exhumai le bachelier de la boue où il était comme enterré et je m'assurai que sa jambe n'était pas cassée. Mais, il avait cassé *sa pipe* et ses beaux habits n'étaient plus beaux !

« A la force de mes bras, je le déposai dans la voiture et pris sa place par devant. A King-seu, j'achetai dans une pharmacie une certaine poudre rouge qu'on fait manger à tous les blessés ; mon homme revint à lui. Il but plusieurs grandes tasses de thé et même fuma quelques pipes dans celle du conducteur.

« Quand je fus à T'oung-eul-kéou, la voiture continua la route et alla porter le malade chez lui. L'accident n'aura aucune conséquence.

« J'ai parlé de *ma* voiture ; mais, défiez-vous des illusions au sujet de ces carrosses. La voiture chinoise

se compose d'une caisse, isolée sur une énorme
essieu de bois que supportent deux immenses roues.
La dite caisse est fort basse, elle ne donne place qu'à
un seul voyageur, lequel ne peut jamais se tenir
debout, même s'il est de petite taille. On s'enferme
là dedans comme l'on peut ; on y reste assis à plat,
les jambes croisées comme les tailleurs. Quand on
est en position, le conducteur baisse la portière de
la voiture ; disons mieux, ferme la porte du four.

« Il vous tient et vous conduira à destination,
mort ou vivant, blessé ou estropié, peu lui importe.
Dans les endroits relativement bons, l'automédon
s'assied sur le brancard gauche du véhicule ; le catéchiste ou le domestique du voyageur, (car il n'est
pas convenable de voyager seul), prend place sur le
brancard droit ; (ce sont les plus heureux, mais le
decorum ne permet pas de les remplacer). Dans les
endroits plus poétiques, le prudent conducteur a
bien soin de vous laisser seul sur l'instrument roulant ; alors vous sautez d'ornière en ornière, de trou
en trou, de pierre en pierre ; votre tête bondit dans
le petit char comme une boule dans un jeu de
quille ; on saigne du nez, mais la poitrine est libre ;
car dans un char chinois, la digestion d'un repas est
faite après cinquante tours de roue. Quelquefois il

y a des distractions de voyage : la voiture de gala se
disloque ou se casse, comme j'en ai déjà vu plusieurs
le faire ; d'autres fois, elle se renverse et le voyageur
se trouve aux antipodes du plancher du char, comme
cela est arrivé à un vénérable missionnaire franciscain originaire de France. Dans ces circonstances, les
bras ou les jambes du voyageur peuvent se casser ;
mais les ressorts du carrosse jamais ; la première entre
toutes les raisons, c'est qu'il n'y en a pas. Et notez
bien que ces douces voitures ne sont employées que
pour les personnes de quelque distinction. Les chariots de transport, que les Chinois appellent *ta tchen,*
ou grands chars, sont encore moins perfectionnés et
doivent, à notre humble avis, ressembler à ces tours
roulantes que César employa contre les forteresses
défendues par les Gaulois de Vercingétorix.

« On y attelle jusqu'à cinq mules ; et encore les
carrosses ne peuvent être utilisés partout dans le
Céleste-Empire. La nature du terrain et le peu de
largeur des sentiers oblige souvent à aller à dos
d'animal, ou, si le voyage est long, en palanquin.
Palanquin ! grand mot qui ne représente ici qu'une
caisse suspendue entre deux mulets, pour donner à
l'infortuné qui trône dedans un arrière-goût du mal
de mer.

Mgr [illegible], O. F. M.
Évêque titulaire de Jéricho et pendant de longues années,
Procureur dévoué des Missions franciscaines.

« Il est vrai que, dans le midi, il y a des palanquins portés à bras. Vous saurez tout ce qu'il est possible de savoir sur les carrosses chinois, quand je vous aurai dit que ces *rapides* ne courent jamais. Les mulets qui les traînent cheminent comme la tortue du fabuliste, laquelle *marchait son pas de sénateur*. Seulement, parfois les secousses que reçoivent les pauvres mulets les agacent, les excitent ; ils s'animent et franchissent brusquement tous les obstacles, ce qui facilite les accidents et les chutes. Tant pis si vous êtes pressé ; les mulets et les hommes célestes ne le sont jamais. »

Au mois d'août, un ordre du Vicaire apostolique rappelait le P. Hugolin à Taï-uien-fou pour s'occuper du séminaire.

« J'avais repris tranquillement, écrit-il, mes occupations à T'oung-eul-kéou et je jouissais de l'air frais et du magnifique panorama qui s'y déroule, lorsque, vers le 10 août, Monseigneur m'écrivit que le R. P. Vicaire général, que j'avais vu gravement malade au mois de juin, ne pourrait plus faire la classe aux séminaristes et irait passer une partie de l'hiver dans le sud du vicariat ; que, par conséquent, il lui fallait un auxiliaire... Bon, me dis-je ; attendons la fin !

« Vers le 20 août, Sa Grandeur me mandait :
« Vous pourriez faire la classe aux séminaristes et leur
« servir de directeur, pendant l'absence du P. Vicaire
« Général.

« Enfin, six jours après, Monseigneur arrivait à
T'oung-eul-kéou ; le lendemain, il m'appelait à
8 heures du matin et me disait :

« Vous allez partir pour la ville.

« — Oui, Monseigneur ; quand ?

« — Demain.

« — Oui, Monseigneur.

« — Préparez votre bagage, tout votre bagage.

« — Oui, Monseigneur, » et rien de plus.

« Le lendemain, à 6 heures, je roulais sur ce
qu'on appelle la route.

« Le grand séminaire a vingt élèves, dont deux
diacres et trois minorés. Je fais la classe à tout ce
monde et suis leur Directeur. Vous le comprenez,
c'est un changement de domicile, sans changer de
vocation ; il me suffit d'obéir. »

Le premier trimestre de l'année 1896 n'était pas
terminé, lorsqu'une triste nouvelle vint plonger
le P. Hugolin dans la douleur. Son père, ce vieillard vénérable qui avait si généreusement laissé partir son fils pour le Missions, ce Tertiaire de saint

François qui avait embrassé la Règle de la Pénitence pour se rapprocher de l'enfant qu'il avait un
instant disputé à Dieu, s'était doucement endormi
dans le Seigneur. Le P. Hugolin écrivit aussitôt à
sa sœur, à son neveu et à sa nièce ces lignes admirables de résignation et de piété filiale :

« Que la sainte volonté de Dieu soit accomplie
partout et toujours, dans la vie et dans la mort !
C'est lui le Souverain Seigneur, il a le droit de disposer de nous et des nôtres comme il veut et quand
il veut.

« Quand sa main passe sur une famille et en enlève un membre chéri, ceux qui restent doivent
s'incliner humblement et adorer en silence et en
espérance ce que sa main opère. C'est ainsi que
nous devons supporter la perte de notre père.

« Du reste, ses vertus, ses œuvres de charité, son
dévouement aux prisonniers et aux pauvres, pardessus tout sa mort si chrétienne et si pieuse, réconforté et purifié qu'il a été par les derniers sacrements, sont de nature à exalter notre espérance en
une vie meilleure pour lui.

« C'est le samedi, 14 mars 1896, à 2 h. 1/2 du
soir, que j'ai reçu votre lettre du 24 novembre,
m'annonçant que je n'avais plus de père sur la terre.

Je me suis incliné devant Dieu ; je suis allé à l'église
le recommander devant le Saint-Sacrement et, à
3 heures, refoulant la douleur au fond de mon
cœur, je fis la classe comme c'était mon devoir.
Après la classe, j'annonçai la perte que j'avais faite
à Monseigneur et au Père Vicaire Général. Monseigneur fut aimable et prescrivit aux prêtres présents
de dire, le lendemain, la Messe pour l'âme de notre
défunt ; le lendemain donc cinq Messes étaient offertes
pour lui. Je crois que Monseigneur a aussi offert la
Messe à cette intention ; mais, par délicatesse, je n'ai
pas osé l'interroger directement. Le Vicaire Général
prévint les séminaristes qui, de leur côté, firent tous
la communion. Le lendemain, c'est-à-dire le lundi,
je chantai la messe des morts avec absoute. Mes
grands élèves firent diacre et sous-diacre et tout l'orphelinat assista à la Messe.

« De plus, Monseigneur envoya au couvent l'ordre de réciter l'office des morts et de célébrer trois
Messes ; ce qui fut fait, comme je l'ai délicatement
appris par une lettre du P. Gardien.

« Dans mon ancienne paroisse de Ké-léao-kéou,
on célébra aussi une Messe et mes anciens paroissiens prièrent avec foi et entrain. Ainsi, à ma connaissance, neuf Messes ont été sûrement célébrées

de suite pour notre père. Et moi, j'ai offert pour son âme une neuvaine de Messes. Espérons que tout ce sang divin lui aura procuré le rafraîchissement et la paix.

« Si le service de Dieu et de l'Église, dont je suis le domestique inutile, ne me permettent pas d'aller déposer une larme et une prière sur le lieu de son repos, j'irai souvent, du moins par la pensée, au cimetière de Montdidier comme je vais à celui de Doullens. Qu'il repose en paix à côté de mes maîtres, les pieux Lazaristes, et des saintes Filles de la Charité, jusqu'au jour de la résurrection et du jugement où nous serons réunis. »

Le P. Hugolin avait été profondément blessé au cœur par ce trépas. Toutefois, avec son énergie habituelle et son amour du devoir, il dissimula sa peine et continua sa tâche.

Durant l'année suivante, sa santé, peu à peu, s'altéra. Ces indispositions, auxquelles on ne prit pas garde, étaient pourtant les signes avant-coureurs de sa fin prochaine.

Le 23 mars 1897, il pria l'un de ses séminaristes de prévenir le P. François Fogolla que, se trouvant indisposé, il ne pourrait dire la première messe du séminaire, ainsi qu'il en avait l'habitude. Laissons

le P. Fogolla raconter lui-même les derniers jours
du missionnaire :

« Après avoir célébré la sainte messe, j'allai le visiter. Il se plaignait d'étourdissements. Le surlende-
main, toutefois, fête de l'Annonciation, il put encore
dire lentement la messe ; ce fut la dernière fois.
Voyant qu'il n'allait pas mieux, je fis venir un médecin qui le déclara atteint du typhus.

« Ce même jour, lorsque je retournai près de lui,
il me dit ces paroles de David, qui exprimaient sa
pensée du ciel : *In domum Domini ibimus !*

« N'ayez pas peur, répondis-je, vous ne partirez
« pas encore.

« — Oh ! Je ne crains pas de mourir. »

« Il me demanda ensuite de lui donner à temps
les derniers sacrements. Le 28, j'écrivis à Mgr Grassi,
alors en tournée pastorale, que le P. Hugolin était
gravement atteint. Monseigneur revint immédiatement. Dans l'après-midi, voyant la fièvre redoubler,
j'avisai le Père de se préparer à la confession et à la
sainte communion ; car je craignais que le délire ne
survînt.

« Pour quelle heure ? demanda-t-il simplement.

« — Pour 7 heures et demie. »

« A l'heure dite, il se confessa. Le lendemain, à

5 heures, je retournai vers mon malade dans l'intention de l'avertir que j'allais offrir pour lui les saints mystères. Il était tout vêtu, assis sur une chaise. Je lui ordonnai de se recoucher ; il obéit aussitôt. Après la messe, je lui portai le saint Viatique, accompagné de tous les séminaristes désolés. Le cher malade reçut l'Eucharistie agenouillé à terre, dans une profonde humilité. Jusqu'au soir, il resta recueilli en lui-même ; puis, ce que j'avais prévu se réalisa : le délire survint.

« Le 31, au matin, les séminaristes accoururent me prévenir que, hors de lui-même, le P. Hugolin voulait entrer au séminaire. Je me rendis précipitamment dans sa chambre. En me voyant, il cria : « Père François, nous sommes perdus ! Nous sommes perdus ! »

« Je n'eus plus alors d'espoir de le sauver. Néanmoins, nous ne cessions pas de prier ardemment pour lui. Monseigneur et un autre Père célébraient, chaque jour, la messe pour notre cher malade. Les séminaristes allaient, tour à tour, devant la statue de saint Joseph, implorer la grâce de la santé pour leur professeur.

« Comme mes inquiétudes croissaient, je demandai à Monseigneur de faire venir un autre médecin

célèbre qui habite à deux jours d'ici. Sa Grandeur
approuva mon projet et télégraphia. Hélas ! tout fut
inutile ; le bon Dieu ne voulait pas nous exaucer, et
le docteur n'eut pas même le temps d'arriver.

« Le malade, dans son délire, voulait toujours
quitter son lit ; l'obéissance seule l'en empêchait ;
car, bien que n'ayant plus conscience de ses actes, il
obéissait parfaitement à Mgr Grassi et à moi.

« Hier au soir, il était beaucoup plus mal et ce
matin, 2 avril, à 7 heures, il entra en agonie. Monseigneur lui donna l'absolution avec l'indulgence *in
articulo mortis* ; je fis la recommandation de l'âme,
et, vers 8 h. 40, il allait à Dieu, nous laissant tous
en pleurs.

« Je suis personnellement extrêmement affligé de
cette perte. Il avait beaucoup de confiance en moi,
et moi j'en avais beaucoup en lui. Dans chacun des
emplois qui lui furent confiés, il se montra exemplaire. En somme, il avait toutes les vertus d'un bon
Religieux ; tous l'aimaient et tous le pleurent. »

Le 6 avril, le P. Augustin de Magenta écrivait de
son côté :

« Je crois remplir un devoir en vous entretenant
des funérailles du R. P. Hugolin.

« Le jour qui suivit sa mort, le T. R. P. Vicaire

général chanta la messe solennelle. Le 4, après une nouvelle messe solennelle, eurent lieu les obsèques.

« Une foule de chrétiens étaient venus de plus de dix kilomètres et surtout de Ké-léao-kéou ; car là, il était aimé comme un père. Déjà, tout le temps de sa maladie, ses anciens fils spirituels avaient voulu venir le visiter.

« Le cortège funèbre se dirigea donc vers notre cimetière. Une multitude de païens étaient accourus ; la croix, arborée aux yeux de tous, ouvrait la marche avec les deux musiques de la ville et celle de Ké-léao-kéou ; puis, un chœur de chétiens chantait les litanies de la sainte Vierge. Les séminaristes en surplis, deux prêtres et le célébrant précédaient le cercueil que soutenaient soixante chrétiens. Derrière venait la foule des fidèles chantant des prières pour le repos de l'âme du cher Père.

« Le cortège traversa ainsi la ville sans que l'on entendit autre chose que le chant des Chinois chrétiens.

« Notre P. Hugolin laisse de profonds et unanimes regrets. Sa nature si gaie, sa charité envers tous, sa conduite irréprochable et pleine de prudence, l'avaient rendu cher à tous ; et tous le pleurent comme un père, un frère, un ami. »

Tel fut le P. Hugolin de Doullens.

Il n'a été mêlé à aucun événement politique ; il n'a paru ni dans les chaires renommées ni dans les congrès retentissants ; il n'a eu ni les gloires de la science ni celles des hautes fonctions sociales ; mais il a passé ici-bas en *vrai* Frère Mineur. Dans la vie du cloître, au milieu de nous, il a été le Religieux exemplaire, l'homme de la pénitence et du zèle, l'homme de la prière et de l'action. Dans la vie de missions, sur les plages de l'Extrême-Orient, il a été, par sa soif inextinguible des âmes, par son ardeur infatigable et prudente, par son inépuisable patience, par son inlassable endurance, par son imperturbable gaieté, l'un des plus résistants, l'un des plus vaillants de ces admirables soldats que, depuis sept siècles, bientôt, l'Ordre franciscain lance à l'assaut des pays idolâtres ; l'un des plus originaux, l'un des plus caractéristiques, nous pouvons ajouter l'un des plus *français*, de ces *va-nu-pieds apostoliques* parmi lesquels se recrute ce que l'on a appelé « la vieille garde de l'armée de Dieu (1). »

A tous ces titres, il peut servir d'exemple et de modèle aux âmes généreuses, avides de dévoue-

----

(1) J. K. Huysmans. *De tout*. p. 291. Paris, 1902.

ment, d'abnégation, de sacrifice ; à tous ces titres,
il a droit au souvenir ému de ses frères des Provinces de France, comme à la reconnaissance de ce
vicariat du Chan-si septentrional qui, fécondé en
partie par ses travaux, a si glorieusement enfanté
naguère une triomphale moisson de martyrs (1) ;
à tous ces titres, il appartient à la phalange bénie de
ceux qui, tout en demeurant obscurs, méconnus,
méprisés parfois, ont, en vérité et tout à la fois,
bien mérité de l'Église et de la patrie, de la civilisation et de la liberté.

(1) En 1900, on le sait, ont été massacrés au Chan-si
septentrional, le vicaire apostolique, Mgr Grassi, son
coadjuteur, Mgr Fogolla, le P. Théodoric Balat, le P. Élie
Facchini, le Fr. André Bauer, tous cinq de l'Ordre des
Frères Mineurs, sept prêtres indigènes, sept Franciscaines Missionnaires de Marie et une foule de simples fidèles.

APPENDICES

———

I

UN OPUSCULE INÉDIT DU R. P. HUGOLIN

Les Frères Mineurs de France en face du protestantisme.
(1517-1685)

Le chef du protestantisme, Martin Luther, apostasiait en 1517. La même année, le cent neuvième Chapitre général de l'Ordre des Frères Mineurs se réunissait à Rome. Il mettait le sceau aux efforts des *Zelanti*, des Frère Léon, des Césaire de Spire, des Ange Clareno, des Jean Olivi, des saint Bernardin de Sienne, des saint Jean de Capistran, des saint Jacques de la Marche, pour ramener la famille franciscaine à l'observance de la Règle telle que le Patriarche d'Assise l'avait prescrite ; et Léon X publiait la célèbre Constitution *Ite et vos in vineam meam* qui, en séparant de l'Ordre les Mitigés, inaugurait un nouvel épanouissement de l'esprit séraphique.

Aussi quand, en 1520, l'hérésie luthérienne leva définitivement le masque et déclara la guerre à l'Église catholique, apostolique et romaine, les Frères Mineurs étaient-ils prêts pour les nobles luttes que leur imposait leur vocation et que le Vicaire de Jésus-Christ attendait d'eux.

Ils étaient prêts, en Allemagne, foyer de l'erreur, et d'autant mieux préparés que le quarante-sixième Ministre Général de l'Ordre, le P. François Licheto, avait lui-même visité, en 1519 et 1520, les Provinces de Saint-Jean-Baptiste et de Sainte-Croix de Saxe, de Bohême, de Pologne et de Hongrie et présidé les Chapitres provinciaux. Il se disposait à parcourir la Province d'Autriche quand la mort le frappa, à Buda, en novembre 1520. C'est ainsi qu'un commandant passe la revue de ses troupes avant de les lancer contre l'ennemi. Unis en un bataillon compact, les Frères Mineurs luttèrent contre le vice, la mauvaise foi et l'erreur ; partout leur parole apostolique produisit des fruits glorieux.

Nous devons une mention particulière à la Province de Strasbourg (*Provincia Argentina*) qui fut la mère de toutes les Provinces franciscaines de la haute et basse Allemagne. Là, quelle lutte acharnée entre les prédicateurs de la vérité et ceux de l'erreur ! Que de persécutions, que de martyrs ! Chassés d'un côté, ces intrépides Frères Mineurs reparaissaient d'un autre pour conserver au peuple sa foi. Qu'on en lise l'histoire (1) et l'on verra que la

(1) 1° *Chronica Provinciæ Argentinæ, seu Alemaniæ superioris Fratrum Minorum Strict. Observantiæ a*

Province de Strasbourg s'est couverte, entre toutes les autres, d'une gloire immortelle.

Dans le nord de l'Europe, la grande Province de Dacie *(Provincia Datiæ)*, comprenant 8 custodies et 33 couvents, s'étendait dans les royaumes de Danemark, de Suède et de Norvège. Après avoir lutté en faveur de l'antique foi du peuple, les Frères Mineurs furent brutalement proscrits par les gouvernements favorables à l'hérésie, en Danemark de 1528 à 1532, en Suède et en Norvège en 1544.

En Suisse, en Angleterre, en Irlande et en Écosse, les Provinces franciscaines, après une lutte acharnée contre le protestantisme de Calvin ou de Henri VIII, furent empourprées du sang des confesseurs de la foi et dispersées.

En 1552, alors que la persécution sévissait avec fureur contre les défenseurs de la foi catholique, et que la France se trouvait en un « désordre universel, » le cinquante-deuxième Ministre Général de l'Ordre, le P. André d'Insoa, visita les Provinces de France, de Flandre (Belgique), de Hollande et convoqua les Pères capitulaires de la Province de Co-

---

sæculo XIII quo S. P. Franciscus Assisiensis Seraphicum Ordinem intulit, conscripta a P. Valentino Bambach, Lectore jubilato, custode et chronologo, anno 1798. Manuscrit in-4, de 331 pages, qui se trouve dans les archives du couvent franciscain de Sainte-Anne à Munich.

2° R. P. Marcellino de Civezza, Frère Mineur, *Storia universale delle missioni francescane*, volume VII, partie I, p. 135-143 et plus loin *passim*.

logne. Une longue lettre, écrite par lui d'Anvers, le 20 septembre 1552, au roi de Portugal, sa patrie, et récemment découverte à Lisbonne, signale, en les divers pays qu'il parcourut, non seulement la conduite héroïque des Frères Mineurs, mais encore les admirables exemples de fidélité à leur vocation donnés par les filles de sainte Claire. Il présida les Chapitres de ces Provinces, et sa visite eut le même résultat que l'inspection d'un ministre de la guerre s'assurant par lui-même que les arsenaux, les armes, les troupes, sont en bon état.

Mais il faut nous borner dans cette étude et ne nous occuper que de la France. Ce que nous ne pouvons faire pour tous les pays d'Europe, d'autres le feront peut-être, aidés et guidés, comme nous, par les ouvrages de nos Pères, surtout du P. Marcellino de Civezza (1).

Oui, elle était prête pour le combat cette France si aimée de François d'Assise. Écoutons plutôt le

---

(1) Parmi les nombreux travaux de cet infatigable historien, nous devons citer ceux que nous avons suivis dans le cours de cette étude, ce sont :

1° *Saggio di bibliografia sanfrancescana*. — Prato, 1879, un vol. in-4, XLV-698 pages.

2° *Storia universale delle missioni francescane*. — Neuf volumes in-8 ont déjà paru, les cinq premiers à Rome (1857-1861), les quatre autres à Prato (1881-1894). Le VII° volume, 1° partie, 1882, LX-952 pages, est consacré entièrement à l'histoire du protestantisme au XVI° siècle. Il est suivi d'un opuscule in-8, VI-87 pages, qui porte le titre d'*Appendice bibliografica*.

P. Charles Rapine, Frère Mineur (1). Après avoir raconté avec quelle barbarie les Calvinistes massacrèrent les athlètes du Christ, détruisirent les couvents et profanèrent les choses saintes, dans les onze Provinces franciscaines que comptait alors la France, notre auteur ajoute : « Ces saints martyrs ont confondu l'hérésie, épouvanté les hérétiques et maintenu la foi catholique en France. Eux surtout, en effet, occupaient encore les principales chaires, allaient partout, exerçant le ministère apostolique, et un peuple immense se pressait autour d'eux. Alors, l'observance de la Règle était dans sa splendeur, la vie dans les couvents était basée sur une sévère discipline, en sorte que la bonne odeur de Jésus-Christ se répandait partout. Les novices étaient formés à la vraie vie religieuse ; les profès appliqués aux études étaient aussi bien instruits que dirigés ; les prêtres, tous occupés aux œuvres du ministère... Pour tout dire, en un mot, saint François vivait encore dans son Ordre et l'Ordre resplendissait de sa splendeur primitive. Voilà pourquoi, dans ces derniers dix ans, la France a encore donné tant de héros dont les noms resteront immortels (2). »

(1) *Histoire générale des Frères Mineurs*, Paris, 1630. Nous donnons plus loin le titre complet et quelques détails sur cet important ouvrage.

(2) P. Rapine, Frère Mineur, *Histoire, etc.* — R. P. Marcellino de Civezza, Frère Mineur, *Storia,* etc. VII, p. 809 et 810.

Que le lecteur veuille bien remarquer les raisons données par notre auteur. Une famille religieuse, quand elle est fidèle à l'esprit de sa vocation, produit beaucoup de fruits dans l'Église. Ce fut, c'est et ce sera toujours vrai.

Dans cette étude nous n'entreprendrons pas d'énumérer les centaines et les centaines de martyrs que les Frères Mineurs ont donnés à l'Église et qui sont tombés sous la main des protestants, non plus que de raconter les diverses et atroces persécutions qu'ils ont subies, soit dans leurs couvents, soit au dehors. Nous ne voulons pas, par ailleurs, simplement écrire des phrases sentimentales sur les luttes des Frères Mineurs contre l'hérésie ; nous nous proposons, bien plutôt, de montrer par les faits comment ils ont, efficacement et puissamment, contribué à conserver au peuple français sa foi des anciens jours, comment ils ont préparé et assuré notamment le succès de la Ligue.

Cependant, publier la liste des martyrs de l'Ordre séraphique dans notre pays n'est pas chose irréalisable et le travail est, en partie, préparé. En effet, en appendice à la *Storia dei diciannove martiri Gorcomesi*, par le P. Augustin d'Osimo, Frère Mineur (Rome, 1867), on trouve une nomenclature de Frères Mineurs, prêtres, clercs et convers, massacrés pour la foi au xvie siècle par les Luthériens et les Calvinistes. On y lit deux cent soixante-treize noms et de plus la mention de cent soixante-dix-neuf martyrs, dont le nom est resté inconnu, (seize en France) ; au total quatre cent cinquante-deux confesseurs de la foi, sans compter ceux dont le martyre est resté ignoré des historiographes. Dans la liste des deux cent soixante-treize noms, la France figure pour cent quatre-vingt-dix-sept martyrs et leurs noms de famille ont été généralement conservés avec leur orthographe primitive.

Dans la *Storia delle missioni*, (volume VII, partie I, pages 810-820), le P. Marcellino de Civezza, Frère Mineur, cite aussi, avec de touchants détails et d'après les plus solides autorités, de nombreux martyrs franciscains français, dont plusieurs ne figurent pas dans la liste des deux cent soixante-treize noms donnés par le P. Augustin d'Osimo. Le Père Marcellino s'est fait un devoir de conserver à tous les noms de famille français leur orthographe nationale.

Au contraire, dans l'abrégé du *Martyrologium franciscanum*, réédité à Venise en 1879, les noms de famille français sont malencontreusement travestis, défigurés ou même grotesquement traduits en latin (1).

(1) Que le lecteur en juge par ces trois citations. On annonce dans ce *Compendium*, sous la date du 24 décembre, à Riom, en Aquitaine, le martyre du bienheureux « Joannis *Parvi* » dont le nom de famille est *Petit* ; le 2 octobre, à Mâcon, le martyre du bienheureux « Joannis *Gibbosi* » dont le vrai nom de famille est *Bossu*. Ces deux noms propres sont encore de nos jours très répandus en France.

Quant à nous, négligeant donc à dessein le témoignage du sang, nous ne nous occuperons que du témoignage de la parole écrite ou parlée ; car « la milice qui sert Jésus-Christ l'affirme par *les sueurs de la parole*, comme par le sang du martyre (1). » Pour cela, rien de plus concluant que de publier la liste des recueils de controverses, d'apologies, d'exégèses ou d'herméneutiques et autres, édités par les fils de François contre les protestants ou à l'occasion du protestantisme. Bien loin, il est vrai, de prétendre donner une liste complète, nous avouons, au contraire, que celle que nous avons dressée est très

Sous la date du 17 novembre, on annonce, à Nîmes, le martyre des bienheureux « Balthasaris a *Prato*, Joannis *Chalveti*, Guillelmi et alterius Joannis. » Cet éloge pourrait être rectifié et complété ainsi : P. Balthasar *du Prat* (qui avait été deux fois Ministre Provincial de la Province de Saint-Louis), les PP. Jean *Chalvet* (cousin du précédent), Guillaume *Scofre* et Jean *Lautret*, l'an du Seigneur 1568.

Sous la date du 9 septembre, on est encore plus étonné de lire le martyre, à Angoulême, des bienheureux « Michaelis *Greleti*, Petri *Bonelli*, Joannis *Virolanti*, alterius item Joannis *Aprilis*, » dont les vrais noms de famille étaient *Grellet*, (Gardien du couvent), *Boneau*, *Virolant* (Lecteur de théologie) et *Avril* (vieillard octogénaire.)

De Boneau avoir fait Bonelli, d'Avril avoir fait Aprilis, de Petit avoir fait Parvi, de Boseu avoir fait Gibbosi, c'est vraiment trop d'amour pour le latin... et pas assez de respect pour les noms propres !...

Nous appelons de tous nos vœux le jour où sera publiée la liste complète et exacte des martyrs franciscains de France au XVIᵉ siècle.

(1) R. P. Lacordaire, cité par le P. Norbert, Frère Mineur, *Vie de Léon XIII*, Saint-Brieuc, 1894, p. 144

incomplète. Mais si nous avons eu des prédécesseurs dans cette étude (1), nous aurons aussi des successeurs, et ainsi la vérité de l'histoire percera peu à peu.

Trois petites observations préliminaires :

1° — Nous citerons quelquefois en latin des ouvrages d'auteurs français. La raison en est que la plupart des anciens historiographes ont donné en latin les listes des écrivains de l'Ordre et les nomenclatures de leurs œuvres. D'autres historiens plus modernes ont indiqué les titres des ouvrages dans la langue où ils ont été écrits ; et, certes, ils ont bien fait. Donc de ce que certains ouvrages de Religieux français sont cités en latin, cela ne prouve pas que leurs auteurs ne les aient pas rédigés en français.

2° — Nous mentionnerons des ouvrages d'auteurs français imprimés à Cologne, Rome, Venise ou en d'autres villes. Cela prouve ordinairement que l'ouvrage, ayant été jugé important, a été réimprimé hors de France, et quelquefois (nous en donnerons des preuves) traduit en latin pour l'utilité générale. Les dates des ouvrages d'auteurs français imprimés dans les pays voisins peuvent être et souvent sont de beaucoup postérieures à la première édition française, laquelle n'a pas été connue des historiographes qui ont seulement signalé l'édition faite à l'étranger

(1) Notamment le P. Marie-Léon Patrem, Frère Mineur, *Tableau synoptique de l'histoire de l'Ordre séraphique.*

ou même, tout simplement, la traduction en latin.

3° — Nous nous sommes fait un devoir, enfin, de laisser en latin les noms propres dont la traduction n'était pas tout à fait certaine pour nous. Les savants suppléeront, si bon leur semble, à cette lacune de notre travail.

Voici maintenant la liste des principaux Frères Mineurs français qui se sont livrés contre les protestants à cet apostolat de la parole écrite ou parlée :

1. — P. Jean-Baptiste d'Avranches, Français, mort en 1629, a laissé deux ouvrages de controverses sur la sainte Eucharistie, sur la primauté du Souverain Pontife et d'autres matières concernant la foi.

2. — P. Irénée d'Avallon, célèbre missionnaire contre les hérétiques :

Deux ouvrages de controverse contre les Calvinistes, Huguenots et Anabaptistes. Lyon, 1626.

3. — P. Jérome d'Avignon, mort en 1629 : *Traité des sacrements de l'Église et du saint sacrifice de la messe contre les Calvinistes.*

4. — P. Jean-Baptiste Bazin, né à Auxonne, Ministre Provincial de la Province de Bourgogne vers 1680, auteur de six ouvrages dont quatre traitent d'hagiographie en français ; le cinquième a pour titre : *Praxis recollectionis animæ* ; le sixième : *Éclaircissements sur la sainte messe,* en français.

5. — P. François Bonard, de Montréal, docte et

pieux religieux, sacré en 1581 évêque de Conserans
(aujourd'hui réuni au diocèse de Pamiers), a laissé
deux écrits :

I. *Traité pour prouver qu'il appartient au seul Pontife
romain de convoquer le concile.*

II. *Exposition du psaume 50ᵉ* : Miserere mei, Deus.

6. P. LÉONARD BORIAN :
Controverse avec un ministre hérétique. Toulouse, 1620.

7. — P. JEAN BOSQUILLON, d'Arras :
I. *De aqua lustrali contra nostri temporis hæreticos
Calvinistas et Anabaptistas.*
II. *Theatrum mortis.*

8. — P. JEAN BOUCHER, prédicateur du roi :
Sept ouvrages qui contiennent des sermonnaires,
des méditations, un *Voyage en Terre-Sainte,* édité en
français, à Paris, en 1626 ; *Le triomphe de la religion
chrétienne,* Paris, 1628, et enfin *Vérités chrétiennes contre les impies et les athées de notre temps.*

9. — P. JEAN BRÉARD, Docteur de Sorbonne et
Gardien du grand couvent de Paris :
*Controverses avec les deux ministres hérétiques La Pel-
letiére et Carré.*

10. — P. FLORENT CALETENSE, de la Province de
Paris, mort martyr en 1625 :
*Tractatus theologicus contra communem hæreticorum
propositionem ab illis pertinaciter assertam, nimirum :*

Bona opera non esse necessaria ad salutem, cum abunde Christus pro nobis satisfecerit.

11. — P. Pierre Camp, Français, mort à Bruxelles en 1589 :

Controverses en faveur de la foi contre les Calvinistes (1).

12. — P. Firmin Capitis, docteur de Sorbonne, très habile dans les controverses contre les hérétiques :

Sept ouvrages qui se composent d'un livre de controverse dont voici le titre : *La sauvegarde et protection de la foy catholique contre les principaux hérétiques de nostre temps*, Réims, 1579 ; d'un recueil de *Sermons*, Paris 1579 ; de trois volumes de *Commentaires sur la Genèse et l'Exode*, Paris, 1567, 1570, 1579 ; d'un traité *De sanctissimo Eucharistiæ sacramento*, Rome, 1567, et d'un autre qui porte ce glorieux titre : *De immaculata conceptione virginis Mariæ. Parisiis, 1579.*

13. — P. Joseph Le Caron, de la Province de

(1) Calvin ne fut jamais prêtre et ne reçut jamais aucun ordre sacré. A la vérité, à l'âge de douze ans il obtint une prébende dans la cathédrale de Noyon (15 mai 1521) ; à l'âge de dix-neuf ans, l'ambition de son père lui valut le titre de curé de Marteville, (27 septembre 1527), qu'il échangea, deux ans plus tard, contre le titre de curé de Pont-l'Évêque où son père était né et où demeurait son grand-père. Mais, malgré la possession de ces bénéfices, il demeura toujours simple tonsuré. En 1534, il *vendit* sa prébende de Noyon et sa cure de Pont-l'Évêque et s'enfuit de Paris à Nérac, à la cour de la reine de Navarre. — Cf. Rohrbacher, *Histoire universelle de l'Eglise catholique*, livre LXXXIV, § 8 ; édition de Turin, 1865, t. XII, page 480.

Saint-Denys. C'est le fameux missionnaire des Hurons. Il a écrit un livre intitulé : *Plaintes de la Nouvelle-France* (le Canada) *contre les juifs et les hérétiques*. Paris.

14. — P. Scholastique Castillon, célèbre prédicateur contre les Calvinistes :

Dispute publique et solennelle tenue, avec la permission de l'évêque de Nevers, contre le ministre calviniste nommé Monsenelar. Nevers, 1630.

15. — P. Christophe de Cheffontaines, Breton et religieux de la Province de Bretagne ; ministre général de l'Ordre en 1571, et en 1579 archevêque titulaire de Césarée, coadjuteur du cardinal de Pellevé (1) :

Dix-sept ouvrages dont un recueil de *Sermons sur la sainte Vierge.* Paris, 1586, deux livres qui ne regardent que l'Ordre franciscain, et quatorze livres de controverses et de disputes théologiques contre les novateurs. Nous donnerons seulement le titre de deux de ces ouvrages :

I. *Catholica defensio de perpetua virginitate beatæ Mariæ et sponsi ejus Joseph. Lugduni, 1578.*

II. *Confutatio puncti quod vocant honoris, super quo contentionum, monomachiarum, sive duellorum suorum*

(1) Le cardinal de Pellevé, archevêque de Reims, joua un grand rôle aux États généraux de 1593, et dans la Ligue, dont il était un des principaux chefs.

*fundamenta christiana hodie nobilitas jacet ; in quo de vero
falsoque disputatur honore. Coloniæ, 1585.*

16. — P. Louis Colomb, célèbre prédicateur et
agresseur des Calvinistes avec lesquels il discuta
triomphalement à Toulouse. Mort en 1567, à Avignon, après avoir exercé deux fois les fonctions de
Provincial :

I. *Disputes avec les hérétiques français de notre
temps.*

II. *Sermons pour le temps du carême et le reste de
l'année.*

17. — P. Jean Cossil. Nommé Ministre Provincial de la Province de Bourgogne en 1542, puis
Gardien du grand couvent de Paris, il devint prédicateur et confesseur de Henri II, roi de France. Cet
insigne théologien intervint au Concile de Trente et
mourut en 1577.

Trois ouvrages de théologie.

18. — P. Raphael de Dieppe, très versé dans les
langues grecque, hébraïque et arabe, zélé missionnaire contre les Huguenots de France et ensuite parmi
les sauvages du Canada, où il mourut, en 1648, en
renom de sainteté.

Deux ouvrages : *Methodus facilis ad convincendum
quemlibet hæreticum* et *Compendium earumdem contro-
versiarum*, imprimés plusieurs fois à Rouen, Paris
et Lyon.

19. — P. Descombes, de la Province de Bourgogne :

I. *Utiles annotationes cum divi Bonaventuræ terminorum theologalium declaratione.* Lyon, 1560 et 1611.

II. *Compendium theologiæ veritatis VII libris digestum.* Venise, 1575, Lyon, 1579 et 1613.

20. — P. Barthelémy Durand, de la Province de Saint-Louis en France, Lecteur jubilé.

Un remarquable travail : *Fides vindicata, quatuor libris comprehensa, in quibus historice, chronologice ac critice referuntur selectissimisque Sacræ Scripturæ, Sanctorum Patrum et conciliorum oraculis refutantur hæreses, quæ a reparatione mundi ad nostra usque tempora insurrexerunt adversus propemodum omnia dogmata, quæ Christus ascensurus in cœlum reliquit Ecclesiæ suæ. Venetiis, 1726.*

21. — P. Antoine Faber, mort à Avignon vers l'an 1570 :
Livre contre un certain hérétique d'avant-garde.

22. — P. Gabriel Le Fébure :
Livre contre les Calvinistes.

23. — P. François Feuardent, docteur de Sorbonne, maître en philosophie et en théologie au grand couvent de Paris, mort en 1612 :
Trente-deux ouvrages imprimés, dont dix-sept sont des controverses, des attaques, des réponses contre les calvinistes en général ou contre certains

de leurs ministres en particulier. Douze constituent des commentaires sur plusieurs livres de l'ancien et du nouveau Testament. Trois sont des rééditions des œuvres de saint Irénée *cum eruditissimis scholiis,* de saint Ildephonse, archevêque de Tolède, *maxime vero librum de Virginitate illibata Mariæ* (Paris, 1579), et des œuvres de saint Ephrem, traduites en français, (Paris, 1583).

A ces trente-deux ouvrages imprimés, il faut ajouter neuf ouvrages inédits. Nous n'en citerons que deux seulement :

I. *Lactantii Firmiani opera cum septem manuscriptis codicibus collata et ab erroribus vindicata atque adnotationibus ad singula capita illustrata.*

II. *Homeliæ de Immaculata Conceptione beatæ Virginis Mariæ.*

24. — P. François Feuardent, dit le mineur, neveu du précédent, docteur de Paris, mort en 1631 :

Deux ouvrages, l'un de controverse contre les Calvinistes, l'autre de théologie sur le premier livre des Sentences.

25. — P. Jacques Fodéré, élu en 1606 ministre Provincial de la Province de Bourgogne. Nous avons de lui :

I. *Narration historique et topographique des couvents de saint François et monastères de sainte Claire, érigez en la Province appelée de Bourgougne, aprésent de saint Bonaventure... le tout exactement recueilly des anciens documents par le R. P. Fr. Jacques Fodéré. Lyon, 1619.*

Dans ce précieux ouvrage notamment, on voit avec quel héroïsme les Frères Mineurs s'opposèrent au calvinisme en France. Le style en est simple et vigoureux. Parfois, les scènes y sont si vivement retracées qu'on s'imagine assister aux épisodes que raconte l'auteur ; par exemple, au sac du grand couvent de Lyon en 1562 : « Durant ces trois sepmaines (chose déplorable à larmes de sang) les cerbères, qui ne cessoient de bêcher, fouir et terraillier par tous les coings du couvent, cherchèrent tant qu'ils trouvèrent là où estoit le corps précieux de saint Bonaventure et aultres joyaux de l'Église. Ils brûlèrent le saint corps sur la place même du couvent et en jetèrent les cendres dans le Rhône ; puis couronnèrent des palmes du martyre le courageux Gardien P. Jacques Gaiette, né à Paris, profés du couvent de Châlons. »

II. *Traité sur les indulgences.*

III. *Avertissement aux Évesques et Archevesques sur les affaires de la Province de Saint-Bonaventure.*

Sbaraglia, dans son *Supplementum al Scriptores Minorum,* cite plusieurs autres ouvrages du P. Fodéré.

26. — P. Jean Fonian :

La thériaque romaine, ou controverses avec les hérétiques, 1604.

27. — P. Anselme Forarquir, homme de grande réputation pour sa doctrine et sa sainteté :

Réponse à un certain livre anonyme et hérétique. Avignon, 1549.

28. — P. CLAUDE DE GAYAN, de la Province de Bourgogne :

Le temple de Salomon, ou briefve description de la grandeur, magnificence et richesse d'iceluy, ensemble au meslange historique traitant de la maison, revenus, richesses indicibles et despence ordinaire et extraordinaire de David et de Salomon. Lyon, 1623.

29. — P. PAUL GRÉGAINE :

Règle de saint François et briefve déclaration de l'institution de la Custodie de Saint-Antoine en Dauphiné des Freres Mineurs Récollets ou Observantins, avec la vie du R. P. Michel Daniel (1564-1610), premier Custode de cette custodie, divisé en deux livres par Fr. Paul Grégaine, religieux du mesme Ordre et Récollet de la Province de Saint-François en France.

Ce manuscrit, qui renferme quelques scènes de mœurs extrêmement curieuses, est conservé aux archives de la préfecture de Lyon, d'après l'ouvrage de l'abbé Pavy, *Les grands Cordeliers de Lyon* (Lyon, 1825).

30. — P. NICOLAS HERBORN, Français, mort à Toulouse le 15 avril 1535 :

Quinze ouvrages, qui tous attaquent les innovations protestantes. Citons entre autres un livre contre le divorce de Henri VIII, un autre sur les *Notes de la véritable Église*, et les *326 assertions* contre

l'hérétique Lambert, livre que le P. Herborn fit paraître alors qu'il était Gardien de Marbourg en Allemagne. (Cologne, 1527.)

31. — P. BONAVENTURE HOCQUARD :
*Perspectiva Lutheranorum et Calvinistarum et hetero-
doxorum omnium.* C'est une suite d'argumentations
pressantes contre les hérétiques.

32. — P. MAURICE HYLARET, théologien, de la
Sorbonne, célèbre adversaire des calvinistes. La ville
d'Orléans lui consacra, après sa mort, une inscrip-
tion lapidaire :
   Trois ouvrages contenant plusieurs volumes de
Sermons, parmi lesquels l'explication du prophète
Joël en vingt-six homélies. Paris, 1587, 1589.
Remarquons aussi l'opuscule qui a pour titre : *Que
les catholiques ne doivent pas se marier avec les femmes
hérétiques.*

33. — P. ANGÉLIQUE DE L'ISLE, de la Province de
Saint-Louis en France :
   Deux ouvrages apologétiques contre les hérétiques et en particulier contre les calvinistes. (Avignon, 1648.)

34. — P. HYACINTHE KERVER, de Paris, a écrit en
français six ouvrages qui tous sont des « controverses, catéchismes, dictionnaires contre les impiétés,
contradictions, objections, mensonges, blasphèmes,

des ministres de la religion prétendue réformée. »
(Paris, 1638-1646.)

35. — P. Ignace Le Gault, Français :

De sanctitate romanæ Ecclesiæ et deux recueils de *sermons* en français. Paris, 1628.

36. — P. Andéol de Poitiers, mort à Lyon en 1653 :

Quinze ouvrages dont quatorze ont en vue les innovations calvinistes. Ce Frère Mineur paraît avoir excellé dans la publication de traités populaires. Qu'on en juge par ces titres : *Conversation amicale entre deux bons Français, dont l'un est catholique et l'autre calviniste, sur les matières controversées de la foi,* Lyon, 1637 ; *État déplorable de l'église calviniste fidèlement et sincèrement représenté,* Lyon, 1638 ; *Aimables avertissements aux adeptes de la religion calviniste,* Lyon, 1640. — Dans d'autres opuscules, il expose le dogme catholique sur l'adoration de la sainte Eucharistie, sur le culte des images, sur le purgatoire, sur le respect dû aux ecclésiastiques et aux religieux, sur les indulgences pour les vivants et les défunts, sur la *Communication des biens spirituels que font entre eux les bons catholiques qui désirent s'entr'aider à mourir dans la grâce de Dieu sous la protection de la bienheureuse Vierge Marie.* Tournon, 1639.

37. — P. Juvénal de Lyon :

Historica descriptio Conventuum Fratrum Minorum Recollectorum Provinciæ S. Francisci in Gallia, in qua

*Religiosi pietate, sanctitate et virtute celebres, qui in eis
conventibus defuncti jacent, recensentur. Opus fideliter
decerptum vel ex diptycis Conventuum, vel ex viris fide
dignis; cura et labore Fr. Juvenalis a Lugduno Recollecti
ejusdem Provinciæ alumni... Avenione, 1678.*

Ce volume in-8 de 264 pages se trouve à la bibliothèque nationale de Paris et à la bibliothèque de
l'Académie de Lisbonne. Il contient de nombreux
détails sur ce que les Frères Mineurs ont accompli
en France du temps des hérétiques et sur ce qu'ils
ont eu à souffrir pour la défense de la foi catholique.

38. — P. OLIVIER MAILLARD.

C'est l'une des plus belles gloires de l'éloquence
sacrée en France. Breton de naissance, docteur en
théologie, successivement professeur à la Sorbonne,
ministre provincial de la Province d'Aquitaine,
vicaire général de l'Observance, il fut chargé, en
1487, par Innocent VIII, d'obtenir du roi Charles VIII l'abolition de la *Pragmatique Sanction de
Bourges*. C'était une mission difficile, qu'il remplit
avec un succès, sinon complet, du moins important ;
ce qui lui valut les louanges publiques du Souverain
Pontife. Savant, éloquent, habile dans le maniement
des plus difficiles affaires, il fut surtout, cependant,
un homme de DIEU et, après sa mort, arrivée à Toulouse, le 21 juillet 1503 (1), des prodiges rendirent

(1) *Antiquités franciscaines* du P. Servais Dirks ; *Bre-
vis chronologia* du P. Van den Haute, cités par le P. Marcellino. *Storia*, VII, 1°, page 903.

son tombeau glorieux. Son éloquence toute populaire, imitée de celle de saint Bernardin de Sienne, le rendit par-dessus tout célèbre. Ce vrai Frère Mineur ne craignait pas de dénoncer du haut de la chaire les grands et les puissants dont les scandales déracinaient la foi des petits et des simples. Aussi le peuple le suivait et le vénérait comme son père et son protecteur. Peu d'hommes ont exercé sur les masses une action aussi profonde que le P. Olivier Maillard (1).

Trois fois il se rendit en Flandre et nous le trouvons prêchant le carême de 1501 à Bruges, à la cour de l'archiduc Philippe. Les canevas ou résumés de ses sermons ont été recueillis et ont eu un grand nombre d'éditions à Paris, à Lyon et à Strasbourg. Il faut y ajouter un *Dialogue entre la vérité et le mensonge*.

Bien que le P. Olivier Maillard n'ait pas lutté directement contre les novateurs du XVIe siècle et soit mort avant la révolte de Luther, il en a cependant combattu les hérésies dans leurs causes et leurs précurseurs et, pour ce motif, nous avons cru devoir le citer ici. Du reste, ses sermons ont été réédités à Paris en 1578, spécialement contre les protestants.

39. — P. RICHARD DU MANS, docteur de Sor-

---

(1) S. Em. le cardinal Capecelatro, dans sa *Vita di San Filippo Neri*, présente avec raison Olivier Maillard et notre P. Michel Ménot comme des *modèles* d'éloquence populaire et franciscaine.

bonne, intervint au Concile de Trente à titre de théologien.

Il a laissé deux ouvrages de théologie, Paris, 1541, et un *Tractatus de sacrificio Missæ* qui se trouve parmi les manuscrits de la bibliothèque vaticane. Le tout est écrit dans un latin fort élégant.

40. — P. N. MESSONTAINES :
Second livre de la défense de la foy de nos ancestres ; trois cents cinquant raisons pour la présence de Jésus-Christ en Sacrement. Paris, 1571.

41. — P. MARTIN MEURISSE, Français, docteur de Sorbonne, évêque titulaire de Madaura et coadjuteur de Metz.

Ce vertueux prélat a laissé neuf ouvrages, soit en latin soit en français. En voici les titres :

I. *De progressu et declinatione hæresum in diœcesi Metensi. Divoduri, 1652.*

II. *Catalogue des évêques de Metz.* Metz, 1634.

III. *De sacrosancto et admirabili Eucharistiæ sacramento. Parisiis, 1628.*

IV. *De virtutibus cardinalibus. Parisiis, 1635.*

V. *Statuta secundæ synodis metensis. Parisiis, 1633.*

VI. *Tractatus de Trinitate. Parisiis, 1631.*

VII. *Auguste basilique de la roiale abbaïe de saint Arnould de Metz.* Paris, 1616.

VIII. *Rerum metaphysicarum libri tres ad mentem Subtilis Doctoris. Parisiis, 1623.*

IX. *Obsidio urbis Metensis anno Domini 1553. Parisiis, 1635* (1).

42. — P. GRATIEN MONTFORT :

Un ouvrage de philosophie et un autre de controverse contre Christophe Guénard, apostat hérétique. Saint-Michel, 1620.

43. — P. CÉLESTIN DE MONT-DE-MARSAN, mort à Toulouse en 1659 :

Six ouvrages sur des sujets variés, savoir deux ouvrages d'herméneutique, Bordeaux, 1650 ; un ouvrage de controverse *ex propriis hæreticorum petita principiis ;* un *Traité de l'Église,* Lyon, 1651 ; un cours complet de théologie ; enfin un petit traité dont voici le titre :

Enchiridion très abrégé de théologie mystique écrit en langue française pour l'usage des illettrés.

44. — P. ARTHUR DU MOUSTIER, de la Province de Saint-Denys, mort en 1662.

Il s'est surtout adonné à l'hagiographie et a composé cinq ouvrages. Son *Martyrologe franciscain,* Paris, 1638, est particulièrement célèbre.

45. — P. YVES DE PARIS, avocat au Parlement, puis Frère Mineur.

(1) C'est le fameux siège que François de Lorraine, duc de Guise, soutint contre 100 000 Impériaux, commandés par Charles-Quint, lequel fut obligé de se retirer, après deux mois de combats et après avoir perdu le tiers de ses troupes.

Cet illustre fils du Patriarche d'Assise a laissé vingt et un ouvrages, dont plusieurs très importants :

Theologia naturalis, tomis quatuor. Parisiis, 1638.

Moralis christiana, in quatuor tomis, dans laquelle il faut remarquer *de Gratia contra novatores. Parisiis, 1641, 1643, 1645.*

Progressus divini amoris, tomis quatuor. Parisiis, 1644.

De potestate Summi Pontificis adversus hæreticos. Parisiis, 1643.

Les autres ouvrages traitent de philosophie, de théologie, de controverses, de perfection chrétienne et des devoirs d'un vrai religieux.

46. — P. ÉLIE PETIOT, du couvent d'Angoulême, docteur de Paris :

Contre Langard, ministre hérétique de Cognac.

47. — P. BARTHÉLEMY PINCHINAT, Ministre Provincial de la Province de Saint-Louis, prédicateur du roi, théologien de Mgr de Ventimille, archevêque de Paris, mort dans le grand couvent de Saint-Bonaventure à Lyon, en 1736.

Il a laissé :

Une *Grande carte chronologique des Comtes de Provence, avec un précis de leur vie ;* un *Dictionnaire historique des hérétiques et des hérésies, in-4,* et des manuscrits sur *l'Histoire de Provence,* manuscrits qui, après sa mort, furent déposés dans les archives des Frères Mineurs à Marseille.

48. — P. Marcellin de Pont-de-Beauvoisin, docte et fervent athlète contre les hérétiques, mort à Grenoble en 1623.

Il a écrit en langue française trois ouvrages « pour démontrer la fausseté de la religion calviniste et les fourberies de ses ministres, » Lyon, 1620. De plus, il réfuta victorieusement les hérétiques dans la réunion que les Calvinistes tinrent à Grenoble, le 9 novembre 1614.

49. — P. Jean Portès, très versé dans les langues grecque, latine et hébraïque, disputa, plusieurs fois, avec grand succès, contre les Calvinistes à Anvers, où il prêcha pendant longtemps. Rentré en France, sa patrie, il y mourut en 1584.

Deux ouvrages :

I. *Démonstrations catholiques.* Paris, 1567.

II. *De verbis Domini : Hoc facite in meam commemorationem, pro œcumenica synodo tridentina adversus Matthæi Flacci Illyrici nebulas. Antverpiæ, 1567, 1586.*

50. — P. Victorin Poulchet, grand controversiste de la Province d'Aquitaine.

A publié, en trois ouvrages, ses *Controverses avec les Calvinistes ;* un quatrième ouvrage est l'*Exposition de la Règle des Frères Mineurs,* écrite en français.

51. — P. François Pradiel, prédicateur royal et aumônier des rois Louis XIII et Louis XIV.

Citons ses cinq ouvrages :

I. *Tractatus de voluntate Dei in Sacramento altaris*

adversus Petrum Molinæum hereticum ministrum, 1617.

II. *Triumphus Verbi Dei pro defensione fidei catholicæ contra ministros hæreticos, 1618.*

III. *De l'excellence et de la dignité de la prière, 1620.*

IV. *Tableau historique, 1623.*

V. *De la concorde fraternelle, à Louis XIII.*

52. — P. ARCHANGE DU PUY. Après avoir été plusieurs fois Commissaire général, il gouverna la Province de Toulouse pendant plus de vingt ans.

Deux ouvrages :

I. *Histoire de Notre-Dame du Grau.* Lyon, 1616.

II. *Réponse très solide aux raisons de l'apostasie de Christophe Guénard.* Lyon, 1620.

53. — P. ANGE DE RACONIS.

Ce Religieux, animé d'un grand zèle contre les hérétiques, mourut presque septuagénaire à Paris, en 1650, en laissant quatre ouvrages sur les innovations du temps dont l'un a pour titre : *Le calvinisme sans masque, Paris, 1627 et 1630.*

54. — P. CHARLES RAPINE.

I. *Histoire générale de l'origine et progrez des Frères Mineurs de saint FRANÇOIS, vulgairement apellés en France, Flandre, Italie, Espagne, Récollets, Réformés ou Déchauxés, tant en toutes les provinces et royaumes catholiques, comme dans les Indes Orientales et Occidentales, et autres parties des nouveaux mondes. Composée par le P. Charles Rapine, Provincial des Récollets de Paris. Divisée en douze décades d'années depuis 1486 jusques à l'année 1630. Précédée d'un mémorial de l'Ordre des Frères Mineurs depuis 1206 jusqu'en 1500.* Paris, 1630.

Ce volume in-4 de 714 pages s'occupe principalement de l'histoire des Frères Mineurs en France; leur action contre le protestantisme y est largement exposée.

II. *Deux additions à l'histoire chronologique des Récollets (Frères Mineurs) de Paris jusqu'en 1688.*

55. — P. Séraphin de Romese, Normand, très savant dans les langues hébraïque, syriaque et grecque, et célèbre missionnaire :

Disputatio publice habita Cadomi cum quodam ministro hæretico. Cadomi, 1631.

56. — P. Basile Salon, de la Province de Saint-Louis, mort en 1625 :

Controverses avec les hérétiques.

57. — P. Tranquille de Saint-Rémi, Lyonnais, fameux prédicateur contre les hérésies luthériennes.

Deux ouvrages de controverses, savoir :

I. *Exposition littérale des paroles évangéliques sur la sainte Eucharistie, d'après la foi catholique.*

II. *Examen du livre de Vincent, ministre à la Rochelle. La Rochelle, 1633.*

58. — P. Noel Taillepied, mort en 1589, a laissé douze ouvrages qui renferment des travaux sur l'herméneutique et en particulier sur le prophète Jérémie; des controverses contre les hérétiques; la *Vie et gestes de Théodore de Bèze*, en français, Paris, 1577,

en latin, Cologne, 1580, Douai, 1616; la *Vie de Martin Luther, André Carlostadt et Pierre Martyr.* (Paris, 1554).

Mentionnons aussi le titre d'un autre de ses ouvrages qui, même au XIXe siècle, n'a pas perdu de son opportunité et de son intérêt : *Traité de l'apparition des esprits, à savoir des âmes séparées, fantômes, prodiges et autres accidents merveilleux.* Rouen, 1600, Bruxelles, 1609, Paris, 1627.

Enfin, cet illustre Frère Mineur s'était encore adonné à l'étude des antiquités. Citons :

I. *Antiquitates Pontizarenses. Parisiis, 1587.*

II. *Antiquitates Rothomagenses. Parisiis, 1587.*

III. *Histoire de l'estat et république des Druides, Cubages, Sarronides, Bardes, Vaccies, anciens François gouverneurs de la Gaule, depuis le déluge universel jusqu'à la venue de Jésus-Christ en ce monde, comprise en deux livres, contenant leurs lois, police, ordonnances, tant en l'estat ecclésiastique que séculier. Escrite nouvellement en françois.* Paris, 1585.

59. — P. SYLVESTRE ~~DU VAL~~, de la Province de Touraine, théologien et missionnaire contre les Calvinistes, qui l'empoisonnèrent en 1616 :

I. *Justes grandeurs de l'Église romaine contre l'impiété de ceux qui appellent le Pape un nouvel antéchrist.* Poitiers, 1611.

II. *Contre les erreurs du ministre Vigner du Plessis.* Paris, 1608.

60. — P. Claude Vallenot, de la Province de Bourgogne, auteur de plusieurs *Paraphrases sur les Psaumes,* vers 1650.

61. — P. Bernard Verger :
I. *Peregrinus moralis.*
II. *Livre des controverses contre Rivet, ministre héré-tique.*

Au total, ces soixante et un Frères Mineurs ont fait paraître, presque exclusivement contre le protestantisme, deux cent quarante-neuf ouvrages, toute une petite bibliothèque.., et notre liste est des plus incomplètes.

Ce nombre d'écrivains et de prédicateurs franciscains nous permet d'entrevoir de quelle activité contre le protestantisme les couvents des Frères Mineurs, en France, étaient les foyers.

Dans l'extrait reproduit au commencement de cette étude, le P. Charles Rapine nous dit que dans les onze Provinces franciscaines « les prêtres étaient *tous* occupés aux œuvres du ministère. » Ces soixante et un noms sont donc seulement, qu'on nous pardonne l'expression, comme le mince rayon de soleil qui passe par l'ouverture qu'un clou a laissé au milieu d'une porte.

Les voilà pris sur le fait, ces fils de François d'Assise, eux qu'on a osé récemment qualifier « de braves gens qui se bornent à faire beaucoup de Chemins de croix. » A part l'ironie cachée sous cette parole, on a raison de les appeler « de braves gens ; » car ils n'ont jamais prétendu, comme certains autres plus bruyants, se glorifier de leur influence, ni se poser en protecteurs indispensables de l'Église catholique, apostolique et romaine.

Ces « braves gens » savent que Dieu est le seul être nécessaire. Loin de chercher à se donner comme « docteurs en Israël » et à occuper avec fracas « les premières chaires, » ils n'ambitionnent qu'une prérogative et qu'une gloire, celles d'être, dans la pauvreté et l'humilité, les serviteurs du peuple, les soldats de la vérité, les imitateurs fidèles de Jésus-Christ.

Si, parfois, ils semblent pousser jusqu'à l'excès la folie de la croix et la pratique du *Mihi absit gloriari*, leurs œuvres, pourtant, parlent éloquemment pour eux et proclament bien haut que, contre l'erreur, le vice, la tyrannie, ils sont un bataillon d'élite.

Puisse cette modeste étude en avoir fourni une preuve de plus.

****

En 1895, le Rme P. Louis de Parme, Général des Frères Mineurs, ayant reçu du P. Hugolin les pages qui précèdent, donnait à ce travail l'approbation que voici :

« Sur le rapport qui nous a été fait, Nous approuvons, bien volontiers, l'étude intitulée : « Les Frères Mineurs

de France en face du Protestantisme » par le P. Hugolin
de Doullens, Missionnaire en Chine.

« Nous serions heureux de voir quelques Pères de l'Ordre faire pour d'autres nations de l'Europe ce que le P. Hugolin a réalisé pour la France en particulier.

« Rome, Couvent de Saint-Antoine, le 12 décembre 1895.

Fr. Louis de Parme,
Ministre Général.

II

L'ORDRE DE SAINT FRANÇOIS

ET LES MISSIONS

—

Frères Mineurs.

La famille franciscaine est essentiellement apostolique et missionnaire ; elle n'a jamais dévié, sous ce rapport, de la voie qui avait été montrée par Dieu à notre Séraphique Père.

Aujourd'hui encore, les Frères Mineurs sont l'*Ordre qui fournit le plus de Missionnaires :* ils en ont plus de QUATRE MILLE occupés au ministère apostolique dans les diverses parties du monde. Les Frères Mineurs sont sur toutes les plages, sous tous les climats, vivant de fatigues et de périls continuels, s'exposant, tous les jours, aux privations et aux souffrances. Mais qu'importent, pour ces infatigables apôtres du Christ, les tourments et la mort même, s'ils convertissent des âmes et établissent le règne de Celui qui, le premier, les a aimées jusqu'à mourir sur la croix.

Que tous les enfants de saint FRANÇOIS unissent leurs prières et leurs œuvres à celles des Pères Missionnaires ; qu'ils demandent au Seigneur de féconder les labeurs des ouvriers évangéliques et d'en multiplier le nombre ; car sa divine parole est toujours vraie : « La moisson est grande et les ouvriers sont encore trop peu nombreux. »

Les renseignements et les chiffres que nous donnons ci-après, sont tirés de la statistique *officielle* publiée par la Sacrée Congrégation de la Propagande (1).

I. — EUROPE

Albanie

Dès la première moitié du XIIIe siècle, les Frères Mineurs évangélisèrent cette contrée ; plus tard, sous le joug si dur des Turcs, florissait une Province qui posséda 26 couvents jusqu'en 1832, où elle fut supprimée. Néanmoins, des Frères Mineurs d'Italie s'y transportèrent pour prêter leur concours spirituel aux Albanais, répandus sur les montagnes et dans les plaines.

La Mission franciscaine s'étend dans six diocèses :

Archidiocèse de Scutari. — Stations principales : *Arapscia, Baiza, Castrati, Gruda, Vukli, Selze, Traboina.*

Archidiocèse de Durazzo. — *Bisa, Lacci, Luria, Biscasio, Basia, Prévésa, Janina.*

---

(1) *Missiones catholicæ cura S. Congregationis de Propaganda fide descriptæ* ; anno 1902. Rome, Imprimerie de la Propagande. — Cf. *Acta Ord. Minorum*, 1902.

ARCHIDIOCÈSE DE SCOPIA. — *Zumbi, Ipek.*

DIOCÈSE DE PULATI. — *Kiri, Planti, Toplana, Sciosci.*

DIOCÈSE DE SAPPA. — *Trosciani.*

DIOCÈSE D'ALESSIO. — *Alessio.*

Ces stations comprennent environ 35 000 catholiques ; la majorité de la population est musulmane.

55 Missionnaires franciscains ; 1 collège séraphique à Trosciani avec 12 élèves. Les Sœurs Franciscaines Stigmatines, au nombre d'une vingtaine, tiennent des écoles où elles instruisent les jeunes filles.

**Mission et archidiocèse
de la principauté du Monténégro.**

Catholiques 12 924. — Population 227 840.

ANTIVARI est la résidence de Mgr Milinovic, archevêque franciscain, primat du Monténégro. 10 Frères Mineurs et 3 Prêtres séculiers, 11 Paroisses et 5 Stations, 17 Églises, 10 Chapelles. Stations : *Cettigné, Antivari, Podgoriza, Triepski, Coccia, Scestani, Livari, Dulcigno, Saint-Nicolas, Saint-Georges, Zupzi, Salzi.*

TURQUIE D'EUROPE

Préfecture Apostolique de Constantinople.

Cette mission eut son origine du temps même de saint FRANÇOIS. Primitivement, elle faisait partie de la Province de Roumanie ; dans la suite, elle subit une autre division et passa sous la judiriction de la Custodie de Terre-Sainte, jusqu'en 1642, époque à laquelle elle fut érigée en Préfecture apostolique, par la Sacrée Congrégation de la Propagande. Comprise dans la Turquie et la Grèce, cette Préfecture s'étend dans 3 diocèses.

A Constantinople.

Résidence du Préfet Apostolique. — Aumônerie de l'hôpital autrichien.

Dans l'Archidiocèse de Smyrne.

SMYRNE, paroisse de *Sainte-Marie Immaculée*. 3 000 Catholiques.
BURNABAT, *Saint-Nom de Marie*. 400 Catholiques.
MAGNESIA, *en Lydie*. 80 Catholiques.
ILE MYTILÈNE (Lesbos).
   Soit 14 Frères Mineurs dans ces diverses stations.

Diocèse de Tine.

ILE DE TINE. 12 000 habitants, 3 500 Catholiques, 1 Paroisse avec 4 Missionnaires que secondent une vingtaine de Tertiaires.

Préfecture Apostolique de Rhodes, fondée en 1897.

Jusqu'à cette époque, elle dépendait de la Mission franciscaine de Constantinople.

Ile de Rhodes, couvent de Notre-Dame des Victoires, résidence du Préfet Apostolique.

Cinq Frères Mineurs, 1 Paroisse, École des Sœurs Franciscaines.

Le nombre des catholiques à Rhodes et aux îles adjacentes est seulement de 300.

2ᵉ PROVINCES FRANCISCAINES
ayant des Paroisses au milieu des Turcs, des Schismatiques et des Protestants.

Bosnie

Les Frères Mineurs ont, dans cette Province, 2 Résidences, 11 Couvents, 205 Religieux, 108 Paroisses desservies par 101 Pères, 130 000 Catholiques, 1 Collège Séraphique.

Herzégovine

Cette Province compte 97 710 Catholiques, 48 Paroisses, 3 Couvents et 86 Religieux.

Dalmatie

97 Paroisses, 34 Couvents, 403 Religieux.

Hollande

Les Frères Mineurs ont une Province en Hollande. Elle comprend 9 Couvents, plusieurs Paroisses au milieu des protestants, environ 390 Religieux.

ANGLETERRE

La Province compte environ 140 Religieux, renferme 8 Couvents et 8 Paroisses ou Missions, ce sont : *Bristol* (Somerset), *Glascow* (Écosse), *Killerney* (Irlande), *London-Stratford*, *London-Upton*, *Manchester*, *Buckingham* et *Chilworth* (Surrey).

La Province de France possède, en outre, 3 Couvents et dessert 3 Paroisses ou Missions : *Woodford-Green* à Londres, *Ascot* (Berks), *Clevedon* (Somerset), avec une trentaine de Religieux.

IRLANDE

Cette Province comprend 13 Couvents ou Paroisses, 80 Religieux consacrés au service des Missions : *Athlone, Carrick, Oa Suir Clonnel, Corck, Drogheda, Dublin, Ennis, Galway, Limerick, Multyfarnham, Thurles, Waterford, Wexford*. En Italie, comme collèges de missionnaires irlandais : *Capranica de Sutri* et *Saint-Isidore* à Rome.

II. ASIE

1° CUSTODIE DE TERRE-SAINTE

La Custodie de Terre-Sainte comprend : la Judée, la Galilée, la Syrie, l'Anatolie, la Basse-Égypte, l'île de Chypre. Elle renferme :

I. — NEUF COUVENTS : Ceux de *Saint-Sauveur*,

du *Saint-Sepulcre* (Jérusalem), de *Sainte-Catherine* (Bethléem), *Saint Jean-Baptiste* (Ain-Karem), de l'*Annonciation* (Nazareth), de *Saint François* (Alep), de *Sainte-Catherine* (Alexandrie-Égypte), de *Sainte-Marie des Grâces* (Larnaca-Chypre) et de l'*Assomption* (Le Caire).

II. — Quarante-deux Hospices ou Résidences, savoir : de la *Flagellation* (Jérusalem), de la *Visitation* (Ain-Karem), d'*Emmaüs*, de *Ramleh*, (Palestine), de *Jaffa*, de *Caïfa*, du *mont Thabor*, de *Cana*, de *Tibériade*, de *Capharnaüm*, de *Ptolémais*, de *Tyr*, de *Sidon*, de *Beyrouth*, de *Harissa*, de *Damas*, de *Tripoli* (ville et littoral), de *Laodicée*, de *Knajé*, de *Aintab*, de *Maraach*, de *Jenigé-Kalé*, de *Don-Kalé*, de *Mougioukdérési*, de *Constantinople*, de *Nicosie* (Chypre), de *Limassol* (Chypre), d'*Alexandrie* (littoral), de *Moharrem-Bey*, de *Ramlé* (Égypte), de *Damanhour*, de *Cafr-el-Zaiat*, d'*Ismaïlieh* (Le Caire) de *Boulac*, de *Mansourah*, de *Damiette*, de *Rosette*, de *Suez*, de *Port-Tewfik*, d'*Ismaïlia* (canal), de *Port-Saïd*.

III. — Un Noviciat : *Nazareth*.

IV. — Six Maisons d'études. — Rhétorique : *Saint-Jean in Montana*. — Philosophie : *Bethléem*. — Théologie : *Jérusalem*. — Langues : *Alep, Damas, Harissa, Larnaca*.

V. — Six Pharmacies : *Jérusalem, Bethléem, Nazareth, Alep, Aintab, Maraach*.

VI. — Dix Ateliers : *Jérusalem*.

VII. — Une Imprimerie : *Jérusalem*.

VIII. Cinquante-cinq sanctuaires (dont vingt-trois à Jérusalem) où les Frères Mineurs ont le droit de célébrer les saints offices. Ces sanctuaires sont les suivants :

Dans la basilique du Saint-Sépulcre : Le *Saint-Sépulcre, la pierre de l'Onction, l'autel du Crucifiement, l'autel de Notre-Dame des Sept-Douleurs, le mont du Calvaire, le lieu de l'Invention de la Sainte-Croix, la chapelle de Sainte-Hélène, la colonne des Impropères, le lieu du partage des vêtements de Notre Seigneur, la prison de Notre Seigneur Jésus-Christ, l'autel de Sainte-Marie-Madeleine, la chapelle de l'Apparition à la bienheureuse Vierge Marie, la colonne de la Flagellation* (soit 14 sanctuaires).

Dans la ville de Jérusalem : *La chapelle des Sept Douleurs de la sainte Vierge ou Chapelle des Francs, la colonne de la Sentence, la chapelle de la rencontre de Simon le Cyrénéen, l'église de la Flagellation, la grotte de l'Agonie, le jardin des Oliviers, la chapelle des larmes de Notre Seigneur, le lieu de l'Ascension, Béthanie,* (soit 9 sanctuaires), *en outre, à Béthanie, le sépulcre de Lazare.*

A Bethléem : *Le lieu de la Naissance de Notre Seigneur, le lieu de sa Crèche, l'autel de l'Adoration des Mages, l'autel de Saint-Joseph, l'autel des Saints-Innocents, les sépulcres de saint Eusèbe, des saintes Paule et Eustochium, de saint Jérôme, l'oratoire de saint Jérôme, la grotte du Lait, la maison de saint Joseph, la grotte des Bergers* (soit 12 sanctuaires).

A Saint-Jean in Montana : *Le lieu de la naissance de saint Jean, la chapelle de la Visitation, le désert de saint Jean-Baptiste* (soit 3 sanctuaires).

A Emmaüs : *Le lieu de l'apparition de Notre Seigneur aux deux disciples, dans la maison de saint Cléophas.*

A Ramleh (Palestine) : *La maison de saint Nicodème.*

A Jaffa : *La chapelle de Saint-Pierre.*

A Nazareth et dans les environs : *Le lieu de l'Annonciation, la table du Christ, l'atelier de saint Joseph, la maison de saint Joachim et de sainte Anne* (Séphoris), *la chapelle de saint Jacques* (Jaffa en Galilée), *la chapelle de l'effroi, la chapelle de Naïm, le lieu du précipice, le mont Thabor* (soit 9 sanctuaires).

A Cana : *Le lieu des noces et la chapelle de Saint-Barthélemy.*

A Tibériade : *Saint-Pierre au bord du lac.*

A Capharnaüm : *Un sanctuaire.*

A Damas : *La maison d'Ananie.*

IX. — LE NOMBRE DES RELIGIEUX DE LA CUSTODIE S'ÉLÈVE A QUATRE CENT SOIXANTE-DOUZE.

X. — LE NOMBRE DES CATHOLIQUES CONFIÉS AU SOIN DES RELIGIEUX DE LA CUSTODIE EST D'ENVIRON SOIXANTE-TROIS MILLE.

XI. — ÉGLISES PAROISSIALES AU NOMBRE DE TRENTE : *Aintab*, Saint-François *(Alep)*, Sainte-Catherine *(Alexandrie)*, Saint-Nicodème *(Arimathie)*, Sainte-Catherine *(Bethléem)*, l'Assomption *(Le Caire)*, les Noces *(Cana)*, Saint-Paul *(Damas)*, Saint-François

(Damiette), Saint-Antoine de Padoue *(Marache)*, Saint-François de Sales *(Ismaïlia sur le canal)*, Sainte-Marguerite de Cortone *(Jénigé-Kalé)*, la Transfiguration *(Jérusalem)*, Saint-Pierre *(Jaffa)*, l'Immaculée Conception *(Kafr el-Zaïat)*, Saint-Joseph *(Knajé)*, Sainte-Croix *(Laodicée)*, Sainte-Marie des Grâces *(Larnaca-Chypre)*, Saint-Louis *(Mansourah)*, l'Annonciation *(Nazareth)*, Sainte-Croix *(Nicosie Chypre)*, Sainte-Eugénie *(Port-Saïd)*, *Port-Teufik*, Saint-François *(Ptolémaïs)*, la Sainte-Famille *(Rosette)*, Saint-Jean *(in Montana)*, l'Annonciation *(Sidon)*, l'Immaculée Conception *(Suez)*, Saint-Joseph *(Tripoli)*, Saint-Antoine de Padoue *(Tyr)*.

XII. — Seize églises succursales : Kettab *(Alep)*, *Alexandrie* (littoral), *Moharrem-Bey*, *Ramleh*, *Beyrouth*, *Boulac* (le Caire), *Ismaïlieh* (le Caire), *Damanhour*, *Donkalé*, *Harissa*, la Flagellation *(Jérusalem)*, *Larnaca* (littoral), *Limassol*, *Mougioukdérési*, *Tibériade*, *Tripoli* (littoral).

XIII. — Cinquante-quatre Écoles paroissiales : 39 pour garçons et 18 pour filles, 4 224 élèves.

XIV. — Un collège pour jeunes gens, à *Alep*.

XV. — Deux Orphelinats : l'un pour garçons, l'autre pour filles à *Jérusalem*.

XVI. — Les Religieux prêchent et confessent en douze langues : l'anglais, l'arabe, le français, l'allemand, le grec, l'espagnol, l'illyrien, l'italien, le maltais, le slave, le polonais et le turc.

XVII. — Neuf hôtelleries pour les pèlerins :

Jaffa, Ramleh, Jérusalem, Bethléem, Saint-Jean in Montana, Emmaüs, Nazareth, Mont Thabor, Tibériade.

COMMISSARIATS DE TERRE-SAINTE

La Custodie possède, en outre, dans les principales nations, QUARANTE *Commissariats* chargés de recueillir les offrandes et le montant des quêtes prescrites le Vendredi-Saint dans toutes les paroisses du monde catholiques en faveur de la Terre-Sainte.

Voici la liste des villes où sont établis ces Commissariats :

Assuncion *(Paraguay)*. — Bastia *(Corse)*. — Bologne *(Italie)*. — Bonarva *(Sardaigne)*. — Buenos-Ayres *(Argentine)*. — Cagliari *(Sardaigne)*. — Drogheda *(Irlande)*. — Gand *(Belgique)*. — Gênes *(Italie)*. — Glascow *(Angleterre)*. — Guatemala *(Amérique Centrale)*. — La Haye *(Hollande)*. — Lima *(Pérou)*. — Livourne *(Italie)*. — Madrid *(Espagne)*. — Manchester *(Angleterre)*. — Médellin *(Colombie)*. — Mexico *(Amérique Sept)*. — Milan *(Italie)*. — Montevideo *(Uruguay)*. — Naples *(Italie)*. — Palerme *(Sicile)*. — Paris, *rue Falguière, 83*. — Parme *(Italie)*. — Petropolis *(Brésil)*. — Quito *(Équateur)*. — Rome, *via Merulana, 124*. — Santa-fé de Bogota *(Colombie)*. — Santiago de Chile *(Chili)*. — Sucre *(Bolivie)*. — Turin *(Italie)*. — Trois-Rivières *(Canada)*. — Valette *(Malte)*. — Varatojo, près

Torresvedras *(Portugal)*. — Venezuela *(Amérique)*. — Venise *(Italie)*. — Vienne *(Autriche)*. — Washington *(États-Unis)*. — Dusseldorf *(Allemagne)*. — Wawerlay-Sydney *(Australie)*.

2° CHINE

Dans le vaste empire chinois, qui compte, dit-on, 400 000 000 d'habitants, la foi catholique fut introduite, au XIIIᵉ siècle, par les Frères Mineurs. Leurs immenses travaux, les souffrances qu'ils ont endurées, les succès qu'ils ont remportés, sont racontés dans l'*Histoire des Missions franciscaines* par le P. Marcellino de Civezza. Qu'il nous suffise de rappeler, qu'en Chine, un grand nombre de Frères Mineurs ont cueilli la palme du martyre.

Au commencement du XIXᵉ siècle, en 1815, le bienheureux Jean de Triora, des Frères Mineurs, couronna son apostolat en donnant sa vie pour Jésus-Christ. Le 27 mai 1900, le Souverain Pontife Léon XIII l'a inscrit au nombre des bienheureux.

En 1898, le R. P. Victorin était massacré au Hou-pé. En 1900, Mgr Grassi, Mgr Fogolla, les PP. Théodoric Balat et Élie Facchini, le Fr. André Bauer et sept Franciscaines Missionnaires de Marie étaient, à leur tour, immolés au Chan-si, en haine de la foi. Au Hou-nan, Mgr Fantosati et les PP. Cesidio et Joseph de Galliate tombaient sous les coups des *Boxeurs*.

Actuellement, les Frères Mineurs possèdent, en Chine, NEUF vicariats :

I. — Chen-si Septentrional.

Population 7 000 000. — Catholiques 21 843.

Le Vicariat comprend 247 chrétientés.

Églises et Chapelles 157, un Séminaire et un Collège, Écoles 14, Orphelinat 1, Missionnaires franciscains 4, Prêtres indigènes 19.

Les Franciscaines Missionnaires de Marie tiennent l'Orphelinat de *Tong-iuen-fang*.

II. — Chan-si Septentrional.

Population 8 000 000. — Catholiques 13 150.

La dernière persécution a particulièrement ravagé ce Vicariat.

Missionnaires franciscains 9 ; Prêtres indigènes 13 ; sept Religieuses *Franciscaines Missionnaires de Marie*.

III. — Chan-si Méridional.

Population 6 000 000. — Catholiques 8 723.

Chrétientés 200, Églises et Chapelles 22, Missionnaires franciscains 16, Prêtres indigènes 3.

IV. — Chan-Tong Septentrional.

Population 12 000 000. — Catholiques 18 200.

Chrétientés 417, Églises et Chapelles 216, Séminaires 2, Écoles 37, 1 Orphelinat pour les garçons et 3 pour les filles.

Missionnaires franciscains 12, Prêtres indigènes 15.

V. — Chan-Tong Oriental.

Population 9 000 000. — Catholiques 12 500.

Chrétientés 138, Églises et Chapelles 138, un Grand Séminaire, 2 Orphelinats, 46 Écoles.

Missionnaires franciscains 8, Prêtre indigène 1.

Les Franciscaines Missionnaires de Marie ont à *Tchéfou* un orphelinat et un hôpital.

VI. — Hou-Pé Oriental.

Population 16 000 000. — Catholiques 18 664.

Chrétientés 244, Églises et Chapelles 90, 1 Séminaire, plusieurs Écoles qui comptent un millier d'enfants.

Missionnaires franciscains 13, Prêtres indigènes 20.

VII. — Hou-Pé Septentrional.

Population 6 000 000. — Catholiques 11 863.

Chrétientés et Stations 260, Églises et Chapelles 48, Écoles pour les garçons et pour les filles 12, Orphelinats 2.

Missionnaires franciscains 10, Prêtres indigènes 11.

VIII. — Hou-Pé Méridional.

Population 9 000 000. — Catholiques 5 645.

Chrétientés 69, Églises et Chapelles 31, Orphelinats 4 ; celui d'*I-Tchang-fou* dirigé par les *Franciscaines Missionnaires de Marie*.

Missionnaires franciscains 9, Prêtres indigènes 8.

IX. — Hou-Nan Méridional.

Population 10 000 000. — Catholiques 5 726.

Chrétientés 63, Églises et Chapelles 48, Séminaire 1, Écoles 7, Orphelinats 3.

Missionnaires franciscains 9, Prêtres indigènes 7.

Pour les neuf Vicariats de la Chine.

Le nombre total des Frères Mineurs Missionnaires est de 91 ; ils sont aidés par 97 Prêtres indigènes.

De nombreuses vierges chinoises du Tiers-Ordre franciscain desservent les Orphelinats là où il n'y a pas de Religieuses européennes.

Les Sœurs *Franciscaines Missionnaires de Marie* ont 7 Maisons en Chine.

III. AFRIQUE

L'Ordre possède en Afrique 3 Préfectures apostoliques et 1 Mission.

I. Préfecture apostolique de la Haute-Égypte, érigée en 1697.

Catholiques 2 300. — Infidèles 2 500 000.

Stations avec résidence : *Le Caire, Fayoum, Beni-Souef, Assiout, Kéne, Luxor, Ghergbe, Nagh-Hamadi.*
Missionnaires franciscains 14.

II. Préfecture apostolique de Tripoli.

Population 1 000 000. — Catholiques 5 750.

Stations principales : *Tripoli, Benghazi.*
Missionnaires franciscains 20.
École à *Bengazi*, tenue par les Frères Mineurs, 62 élèves.

III. Préfecture du Maroc.

Population 6 000 000. — Catholiques 6 260.

Le Maroc fut évanglisé, au XIIIe siècle, par les Frères Mineurs. En 1219, saint FRANÇOIS y envoya cinq

de ses premiers disciples ; après des souffrances
inouïes, ils furent mis à mort. L'année suivante,
une seconde phalange de six Missionnaires avait
aussi la gloire de verser son sang pour le nom de
Jésus-Christ.

En 1234, le P. Agnello, légat du Saint-Siège,
renonça à l'épiscopat du Maroc. Plusieurs Franciscains lui succédèrent sur ce siège jusqu'en 1566, où
il fut supprimé, et la Mission passa sous la juridic-
tion des archevêques de Séville (Espagne) Toutefois, les Frères Mineurs continuèrent leur laborieux
ministère dans ces contrées. Au xviie siècle, le bienheureux Jean de Prado fut envoyé au Maroc par le
Pape Urbain VIII, pour visiter les chrétiens captifs
et travailler à la conquête des âmes. Le Seigneur
récompensa le zèle infatigable de l'apôtre franciscain
par la couronne du martyre : condamné à être
brûlé vif, les flammes l'épargnèrent et il fut lapidé
en 1631.

En 1856, la Préfecture du Maroc fut reconstituée.
Résidence à *Tanger*. Stations principales : *Tetuan,
Casablanca, Larache, Mazagan, Saffi, Mogador, Rabat*.
Écoles pour garçons 7, pour filles 7 ; à Tanger,
hospice, typographie espagnole-arabe, fondée en 1888.
Missionnaires franciscains 57.

<h3 style="text-align:center">IV. Mozambique.</h3>

Les Frères Mineurs de la Province de Portugal
ont à Beïra, depuis l'année 1898, une Mission pour

les Européens et les indigènes. 3 Pères et 3 Frères
laïcs s'y dévouent au ministère apostolique. L'école
et l'hôpital sont tenus par les Franciscaines Missionnaires de Marie.

IV. AMÉRIQUE

Les Frères Mineurs ont été les premiers apôtres
de l'Amérique. Le P. Jean Perez, Gardien du couvent de Sainte-Marie de la Rabida, appuya les projets de Christophe Colomb de tout son crédit auprès
de la cour d'Espagne, l'accompagna dans son second
voyage et fut le premier prêtre qui mit le pied sur
le sol du Nouveau-Monde. Après la découverte de ce
vaste territoire, les Frères Mineurs n'épargnèrent ni
leurs labeurs ni leur sang pour engendrer au Christ
les sauvages habitants des forêts.

Si l'on entreprenait de raconter les immenses travaux des Frères Mineurs dans le Nouveau-Monde,
des volumes ne suffiraient pas. Disons seulement
que, dans un mémoire adressé à Charles-Quint, il
est rapporté que les Fils de saint FRANÇOIS y ont
converti plus de 20 millions d'infidèles. L'Ordre se
propagea si merveilleusement dans ces contrées
qu'on put y compter plus de 500 couvents répartis
en 18 Provinces.

Telle est l'origine des nombreuses et florissantes
Missions que nos Pères cultivent dans les deux con-
tinents américains.

AMÉRIQUE DU NORD

CANADA

Le Canada fut évangélisé, au XVIᵉ siècle, par les Frères Mineurs. Les Pères des Provinces de France et d'Amérique y possèdent actuellement 4 établissements : à *Montréal*, *Québec*, *Trois-Rivières et London*. Environ 30 à 40 Religieux.

ÉTATS-UNIS

Les États Unis sont actuellement l'un des pays où l'Ordre franciscain est le plus florissant.

On y compte près de 800 Frères Mineurs, ayant des couvents dans 32 diocèses et s'occupant activement de la propagation de la foi catholique.

MISSION DE LA HAVANE

Ile de Cuba.

Population 200 000.

L'Ordre avait naguère un Collège à *la Aguilera* (24 Religieux), et une Mission à la Havane (14 Religieux).

La Mission a été troublée par la guerre hispano-américaine (1899) et sa réorganisation n'est pas encore accomplie.

MEXIQUE

Dans cette région, occupée par Fernand Cortez, de 1518 à 1524, les Frères Mineurs furent les premiers Missionnaires qui introduisirent la lumière de la foi. L'un d'eux, le P. Jean de Zumarraga, fut élevé au siège archiépiscopal de Mexico, et sous son épiscopat eut lieu la célèbre apparition de Notre-Dame de Guadalupe.

Actuellement l'Ordre possède au Mexique 7 Collèges de Missionnaires :

1° COLLÈGE DE L'IMMACULÉE-CONCEPTION DE CHOLULA.

2° COLLÈGE DE SAINT-JOSEPH DE GRACE A ORIZABA, érigé en 1799.

3° COLLÈGE DE QUERETARO, établi en 1531.

4° COLLÉGE SAINT-FERDINAND DE MEXICO, fondé en 1734.

5° COLLÈGE DE L'INCARNATION, dans la même ville.

6° COLLÈGE DE NOTRE-DAME DE GUADALUPE A ZACATECAS, érigé en 1707 par le vénérable Antoine Margil de Jésus. De ce Collège dépendent plusieurs Missions et stations.

7° COLLÈGE DE SAINTE-MARIE A ZAPOPAN, fondé en 1816 au diocèse de Guadalajara.

Ces sept Collèges renferment 71 Frères Mineurs.

AMÉRIQUE DU SUD

RÉPUBLIQUE ARGENTINE

Outre la Province régulière que les Frères Mineurs ont dans cette contrée, ils dirigent cinq Collèges apostoliques spécialement affectés aux Missions :

1° Collège Saint-Charles a San-Lorenzo fondé en 1784. Cinq Stations avec résidences en dépendent ; ce sont : *Saint-Antoine, Saint-Martin, Reconquista, Saint-François-Xavier* et *Sainte-Rose*. De nombreux colons sont venus grossir le nombre des fidèles.

2° Collège Saint-Didace a Salta.

Les Missionnaires ont établi 5 Stations au milieu des infidèles Matacos dont plus de 1 000 ont été régénérés dans les eaux du baptême, et qui peuplent en grand nombre les alluvions du fleuve Bermejo.

3° Collège Saint-François Solano a Rio-Quarto, situé dans la province de Cordoba, dont la superficie est de 174 767 kilomètres et le nombre d'habitants de 430 000.

A *Mercedes-Sarmiento* et *Tres-Febrero*, régions des Pampas du centre, un grand nombre d'indigènes ont embrassé la vraie foi.

4° Collège de la B. V. de la Merci a Corrientes, capitale de la province dont elle porte le nom ; elle est située sur les rives du Parana.

Le Collège fut fondé en 1856, sur les instances du

peuple, puis il fut déclaré apostolique, en 1882. Déjà en 1864, les Pères du Collège Saint-Charles s'étaient avancés au milieu des infidèles du Grand-Chaco.

Actuellement, le Collège comprend deux Réductions : 1° *Resistencita*, 4 000 habitants ; à cette mission se rattachent plusieurs stations composées de colonies venues de l'Italie : *Benitez*, 300 âmes ; *Popular*, 480 ; *Nueva-Alcala*, 220 ; *Amalia*, 600 ; *Areceno*, 225 ; *Palmas*, 1 380 ; *Pueblos-Timbo*, 611 ; *Nueva-Piemonte*, 145 ; *Réquevi*, 80 ; et deux autres. 2° *Formosa* qui compte 2 000 habitants et de laquelle dépendent : *Colonia-Formosa*, 1 200 âmes ; *Aquino*, 250 ; *Barradero*, 100 ; *Monteagudo*, 250 ; *Sant Ilario*, 560 ; *Montefindo*, 400 ; *Monte-Claro*, 160 ; *Pilcomayo*, 150.

5° JUJUI, cité de 6 000 habitants au nord de la République Argentine, capitale de la province. Ce couvent, placé sous le vocable de Saint-Sauveur, fut édifié en 1647, par les Pères de la Province de l'Assomption ; en 1862, il devint résidence pour les Missionnaires.

Total général des Religieux de ces collèges : 108.

Les Sœurs Missionnaires du Tiers-Ordre ont des pensionnats et écoles à *Cordoba Villa-Nueva*, *Rio-Quarto*, *Salta Cafayate* et *Buenos-Ayres*, où elles dirigent aussi l'hôpital militaire.

BOLIVIE

Ce sont nos Pères qui introduisirent le catholicisme dans ces contrées et fondèrent la Province de Saint-Augustin de las Charcas. Aujourd'hui, l'Ordre compte en Bolivie 5 Collèges missionnaires.

1° Le couvent de NOTRE-DAME DES ANGES DE TARIJA, fondé en 1606, fut érigé Collège apostolique en 1755. Quand les Indiens convertis sont jugés capables de se conduire par eux-mêmes, les Pères livrent les Missions à Mgr l'Archevêque de Sucre pour qu'il leur envoie un prêtre séculier, et eux pénètrent plus avant dans les forêts, afin de gagner au catholicisme de nouvelles tribus sauvages.

Le Collège dessert, pour le moment, les missions d'*Itan*, *Chimeo*, *Aguairenda*, *San Francisco*, *Tarairi* *Machareti*, *Pilcomago*, *Tiguipa*.

Les Missionnaires exercent à l'égard des Indiens toutes les charges aussi bien religieuses que civiles. Ils sont à la fois curés, maires, juges, médecins, architectes, etc., etc. Dans chaque Mission, ils dirigent des écoles florissantes, où les garçons apprennent non seulement à lire, à écrire, à chanter, mais encore les arts et les métiers ; les jeunes filles, placées sous la direction d'une maîtresse expérimentée, s'exercent dans les travaux propres à leur sexe.

2° SAINT-JOSEPH DE TARATA avec les succursales de *Santa Cruz* et de *Cochabamba*. Ce Collège fut fondé en 1796. Après de laborieux travaux, au milieu des barbares Guarayis réduits enfin en société, les Missionnaires purent régulièrement s'établir et fonder 4 Stations, savoir : *Ascension*, 2 224 âmes ; *Santa Cruz de Yagarú*, 1 502 âmes ; *Urubicha*, 1 076 âmes et *Yotau*, 675.

3° SAINT-JOSEPH DE LA PAZ fondé en 1835. Sept missions en dépendent : *Isiamas, Tumupasa, San Jose, Cobendo, Santa-Anna, Muchanes, Cavinas*.

4° Le Collège de SUCRE, capitale de la Bolivie, a été érigé en 1837.

5° SAINT-ANTOINE DE POTOSI, érigé en Collège apostolique en 1848. Les Missionnaires ont dû établir deux Missions aux environs pour les infidèles Chiriguanos : celle de *Saint-Pascal de Boicobu* dans la vallée de Guacaya et celle de *Sainte-Rose de Cuevo*.

En outre, nos Pères administrent quatre Stations : *Iguembe*, 900 âmes ; *Huacaya*, 745 ; *Ingre*, 1 500 et *Cuevu*, 600 ; dans lesquelles se trouvent des écoles fréquentées par 700 enfants.

Total général des Religieux des cinq Collèges : 145.

BRÉSIL

Cette immense région fut visitée, en 1500, par les Frères Mineurs qui l'arrosèrent de leur sang. Depuis cette époque, l'Ordre franciscain se dévoua à l'évangélisation de ces contrées.

Depuis 1891, la florissante Province franciscaine de Sainte-Croix de Saxe, en Allemagne, a repris les

Missions du Brésil, interrompues en partie par les révolutions. Enfin, en 1899, une trentaine de Frères Mineurs espagnols sont venus évangéliser surtout le diocèse de Saint-Paul.

CHILI

L'Ordre des Frères Mineurs possède, outre des couvents ordinaires, 3 Collèges de missionnaires dans cette République.

1° SAINT-ILDEPHONSE A CHILLAN fut érigé en Collège apostolique en 1756.

2° CASTRO *(Saint-Nom de Jésus)* fondé, en 1847, par les Pères italiens.

3° SANTA-MARIA DE LA CABESA à Santiago de Chili, capitale de la République du Chili.

Missions chez les Araucaniens.
(Chili Sud)

L'Araucanie fut évangélisée, en 1562, par les Religieux de la Province de la très sainte Trinité du Chili : elle fut ensuite administrée par les Pères de Chillan, depuis 1756, et par ceux de Castro, depuis 1837.

Le 13 mars 1891, la S. C. de la Propagande, sur la demande du Rme P. Louis de Parme, Ministre Général de l'Ordre, a divisé ces Missions araucaniennes. La région occidentale dépend du Collège de Castro et la partie orientale de celui de Chillan, avec

la faculté d'élire un préfet pour chacune d'elles.
Il y a une vingtaine de stations.

Total général des Frères Mineurs missionnaires au Chili : 190.

COLOMBIE

La Province de Colombie, avec le Commissariat de Terre-Sainte de *Médellin* et le Collège de Missionnaires de *Cali,* compte une cinquantaine de Religieux.

ÉQUATEUR

Les Frères Mineurs furent les premiers apôtres de cette République ; ils y ont deux Collèges et une Résidence.

1° RÉSIDENCE DE SAINTE-MARIE DES ANGES DE GUAYAQUIL.

2° COLLÈGE DE SAINT-JOSEPH DE LOJA.

3° COLLÈGE DE SAINT-FRANÇOIS DE QUITO.

Total des Missionnaires : 80.

GUATEMALA *(Amérique centrale).*

En 1700, le R. P. Georgio della Torre et le Vénérable P. Antonio Margil élevèrent dans la cité de Guatemala un Collège, sous le vocable du Saint-Crucifix. Malgré les révolutions, il y reste encore 12 Frères Mineurs.

PÉROU

La République péruvienne, outre une Province ordinaire, compte six Collèges de Missions :

1° LE COLLÈGE DE SAINTE-MARIE DES ANGES A LIMA, capitale de la République. Il fut fondé en 1595 et érigé en Collège apostolique en 1853.

2° SAINT-JANVIER D'ARÉQUIPA, déclaré Collège apostolique en 1860.

3° SAINT-ANTOINE DE CAJAMARCA fondé et érigé en 1869. Deux diocèses sont évangélisés par ce Collège : celui de *Trujillo* et celui de *Chachapoias*.

4° COLLÈGE DE CUZCO. Ce Collège fut fondé par nos Pères en 1598, et érigé en Collège apostolique en 1860. Cette région, en partie inexplorée, est habitée par des sauvages fort défiants et fort agressifs ; les Missionnaires y restent difficilement et jusqu'ici aucune station n'a pu y être établie.

5° SAINT-ANTOINE D'ICA, fondé en 1850, restauré en 1871, fut déclaré Collège apostolique en 1879.

6° SAINTE-ROSE D'OCOPA, avec plusieurs stations.
Total des Religieux missionnaires : 322.

V. OCÉANIE

1. — AUSTRALIE

L'Australie possède aujourd'hui un couvent de Missionnaires fondé, en 1878, à *Waverley-Sydney*, auquel sont annexées des paroisses et des stations formant un district qui s'étend toujours, et dans lequel 8 de nos Pères irlandais se dévouent aux labeurs du ministère apostolique.

II. — PHILIPPINES

L'Ordre possédait naguère aux *Iles Philippines* 150 paroisses desservies par les Frères Mineurs espagnols. L'issue de la guerre hispano-américaine (1899) a nécessité dans cette mission des remaniements qui ne sont pas encore terminés. Il est donc, pour le moment, impossible d'en indiquer la statistique.

* * *

Capucins.

A l'exemple et à la suite des Frères Mineurs, les Capucins se sont vaillamment consacrés à la propagation de l'Évangile. Depuis leur fondation au seizième siècle (1528) jusqu'à nos jours, ils ont enfanté de nombreux apôtres. A l'heure actuelle, ils ont environ 900 Missionnaires.

I. EUROPE

Les Capucins ont en *Angleterre* 4 couvents ; en *Irlande* 3 couvents avec 30 Religieux; en *Hollande* 7 couvents, avec environ 160 Religieux.

Préfecture Apostolique de la Mésoleine (Suisse).

Catholiques 4 150.

Églises et chapelles 22, Écoles 18.
Missionnaires Capucins 9.

Préfecture Apostolique de la Rhétie (Suisse).

Population 9 100. — Catholiques 6 923.

Mission fondée par la Sacrée Congrégation de la Propagande en 1621.

Paroisses 18, Églises et Chapelles 50, Écoles élémentaires 38, Missionnaires 24.

Missions de Saint-Louis à Constantinople et de San Stefano.

26 Pères et 31 Frères y sont employés.

Les œuvres qui leur sont confiées sont : 1º Le service de l'église Saint-Louis et de la chapelle de l'ambassade française. 2º Un Séminaire, Élèves 15. 3º La chapellenie des Frères des Écoles chrétiennes à Kadi-Keni. 4º L'église de San Stefano. 5º Diverses stations, notammment *Trébizonde, Erzerum, Samsun*.

Vicariat Apostolique de Sophia et de Philippopoli.

Population 1 500 000. — Catholiques 14 850.

Stations 10, Églises et Chapelles 23, Hôpitaux 2, Écoles 23, Missionnaires Capucins 24.

CANDIE

Administration Apostolique.

Population 300 000. — Catholiques latins 600.

Stations 3, Églises et Chapelles 6, Écoles 6, Missionnaires 11.

GRÈCE

Préfecture Apostolique de Céphalonie.

Population 1 600 000. — Catholiques 1 000.

Résidences 3, Églises et Chapelles 10, Écoles 3, Missionnaires 5.

II. ASIE

Archidiocèse d'Agra.

Population 25 000 000. — Catholiques 8 095.

Résidences 23, Églises et Chapelles 36, Écoles 14, Collèges 3, Orphelinats 9, Missionnaires Capucins 35.

Diocèse d'Allahabad.

Population 38 147 000. — Catholiques 6 420.

Résidences 23, Églises et Chapelles 32, Hôpitaux 6, Écoles 11, Collèges 2, Orphelinats 6, Missionnaires Capucins 21.

Diocèse de Lahore.

Population 13 000 000. — Catholiques 3 590.

Stations et Résidences 13, Églises et Chapelles 20, Écoles 10, Orphelinats 4, Missionnaires 30.

Préfecture Apostolique du Radjpoutana.

Population 14 200 000. — Catholiques 3 650.

Résidences 9, Églises et Chapelles 14, Écoles 5, Orphelinats 7, Missionnaires Capucins 12.

Préfecture Apostolique du Bettiah.

Population 13 000 000. — Catholiques 3 725.

Résidences 11, Églises et Chapelles 11, Écoles 13, Orphelinats 7, Missionnaires 15.

Vicariat Apostolique d'Arabie.

Population 12 000 000. — Catholiques 1 500.

Résidences 4, Églises et Chapelles 6, Écoles 5, Orphelinats 6, Missionnaires Capucins 11.

Préfecture Apostolique de Syrie.

Population 99 036. — Catholiques 2 567.

Paroisses 3, Résidences 7, Missionnaires Capucins 11.

Mission de Mardin en Mésopotamie.

Résidences 6, Églises et Chapelles 15, Missionnaires Capucins 11.

Préfecture Apostolique de Trébizonde.

Population 1 040 686. — Catholiques 680.

Églises et Chapelles 10, Missionnaires Capucins 18.

Préfecture Apostolique de Smyrne.

Population 303 100. — Catholiques 1 462.

Cette préfecture comprend aussi les stations que les Capucins possèdent dans les *Iles de Naxos, Chio* et *Syra*.

Missionnaires Capucins 15.

III. — AFRIQUE

Vicariat Apostolique des Iles Seychelles.

Population 20 060. — Catholiques 17 370.

Ce Vicariat comprend, outre les *Seychelles*, les *Amirantes*, les *Iles Agaléga* et *Cœtivy*.

Résidences 11, Églises et Chapelles 20, Écoles 24, Collège 1, Orphelinats 4, Missionnaires Capucins 16.

Vicariat Apostolique des Gallas.

Population 8 000 000. — Catholiques 7 000.

Résidences 6, Chapelles 16, Missionnaires Capucins 15.

Préfecture Apostolique de l'Erythrée.

Population 191 000. — Catholiques 7 000.

Stations 24, Églises et Chapelles 27, Hospices 2, Écoles 2, Collèges 2, Orphelinats 6, Missionnaires Capucins 13.

IV. AMÉRIQUE *(Septentrionale)*.

CANADA

Les Capucins ont deux couvents à *Ottawa* et à *Rimouski*, avec, au total, une trentaine de Religieux.

ÉTATS-UNIS

Ils ont aux États-Unis environ deux cents Religieux répartis entre 11 diocèses.

AMÉRIQUE *(Méridionale)*.

BRÉSIL.

Au Brésil, les Capucins ont trois *collèges* de Missionnaires : *Rio-Janeiro*, *Bahia* et *Pernambuco*, lesquels desservent 29 églises ou Chapelles.

Le nombre de leurs Missionnaires est de 47.

CHILI

Les Capucins y ont deux collèges de Missionnaires, destinés à l'évangélisation d'une portion de l'Araucanie ; celui de *Santiago* et celui de *Conception*. Ils renferment 32 Religieux.

V. — OCÉANIE

ILES CAROLINES

Population 40 000. — Catholiques 900.

Stations 6, Missionnaires Capucins 26.

* *

Conventuels.

Les Conventuels, ou Religieux mitigés de saint François, desservent aussi quelques missions :

I. — EUROPE

ROUMANIE

Diocèse de Jassy.

Population 2 500 000. — Catholiques 72 000.

28 paroisses, Missionnaires Conventuels 28.

TURQUIE

Préfecture Apostolique de Constantinople.

Six Stations : *Constantinople-Péra, Andrinople, Rodosto, Cara-Agatch, Buyuckdéré, Beicos.*

Missionnaires Conventuels 28, (19 Pères et 9 Frères).

II. — AMÉRIQUE

Les Conventuels y ont 9 couvents, situés dans les diocèses d'Albany, Brooklyn, Newark, Syracuse et Trenton et renfermant une soixantaine de Religieux.

* *

RÉCAPITULATION

En résumé, dans les pays soumis à la Sacrée Congrégation de la Propagande, et d'après la statistique officielle de cette Congrégation :

Les FRÈRES MINEURS ont plus de 4 000 Missionnaires.

Les CAPUCINS en ont environ 900.

Les CONVENTUELS en ont environ 116.

III

LISTE DES FRÈRES MINEURS
DES PROVINCES DE FRANCE
PARTIS POUR LES MISSIONS DE CHINE
DE 1852 (1) A 1902

Antérieurement à 1882 (2) :

R. P. Joseph-Marie de la Croix, Missionnaire au *Chan-si ; mort* en Chine, en 1874, à l'âge de

(1) Date de la restauration des Frères Mineurs en France. — Il convient ici de ne pas perdre de vue deux faits qui expliquent pourquoi, au XIX⁰ siècle, le nombre des Missionnaires fournis à la Chine, par les Provinces françaises, n'est pas plus considérable. D'une part, c'est en 1852 seulement que l'Ordre Séraphique a été rétabli parmi nous et, durant bien des années, plutôt que de songer à entreprendre de lointaines missions, les Frères Mineurs, en France, ont dû s'occuper de se recruter et de fonder des couvents réguliers. Dès sa restauration, d'autre part, l'Ordre en France fut spécialement désigné comme devant venir en aide à la Custodie de Terre-Sainte et c'est surtout de ce côté que, pendant longtemps, ont été dirigées de préférence les vocations à l'apostolat. La désignation par la Propagande d'un Vicariat chinois spécialement confié aux Frères Mineurs français, le Chan-tong oriental, ne remonte qu'à 1894.

(2) Notre liste, complète, croyons-nous, depuis 1882, peut renfermer des lacunes pour la période antérieure à

trente-trois ans après dix-sept ans de vie religieuse. (Ancienne Province de Saint-Louis).

R. P. JOSEPH-MARIE DE LA SAINTE-TRINITÉ, *(Joseph Grané)*. Missionnaire au *Chen-si*, pendant vingt-trois ans ; *mort* à Béziers, le 22 avril 1891, à l'âge de cinquante ans, après trente et un ans de vie religieuse. (Ancienne Province de Saint-Louis).

En 1882 :

R. P. ANSELME-MARIE DE SAINT-SAUVEUR, du diocèse de Coutances. *(François-Louis Caillard)*. Né en 1854, profès simple en 1877, profès solennel en 1880 ; *mort* au *Chan-tong* en 1893. (Ancienne Province de Saint-Louis).

R. P. GABRIEL-MAURICE, du diocèse de Nantes. Parti pour le *Hou-Pé oriental* n'étant encore que clerc. *Actuellement Missionnaire* au *Chen-si septentrional*. (Province de Saint-Denys).

MGR CÉSAIRE DE CAPPEL, diocèse de Metz. *(Jean-Émile Schang)*. Né en 1835, profès simple en 1881, profès solennel en 1886, *Missionnaire* au *Chan-tong*. Depuis 1894, *vicaire apostolique du Chan-tong oriental*. (Province de France).

cette date. Nous serions heureux qu'on voulût bien, le cas échéant, nous les signaler.

En 1883 :

R. P. Basile de Gorges, diocèse de Nantes.
(Louis Papin). Né en 1849, parti d'abord pour le
*Hou-Pé. Actuellement Missionnaire au Chan-tong orien-
tal.* (Province de Saint-Denys).

R. P. Eugène de Crouzeilhes *(Pandellé)*. Parti
comme Frère laïque de l'ancienne Province de Saint-
Louis et devenu prêtre dans les Missions. *Actuellement Missionnaire au Chan-tong oriental.*

En 1884 :

R. P. Pie de Nettuno, diocèse d'Albano. *(Domi-
nique Trovarelli)*. Né en 1855, profès simple en 1879,
profès solennel en 1882. *Actuellement Missionnaire* au
Chan-tong septentrional. (Province de Saint-Louis en
Aquitaine).

R. P. Amédée de Paris *(Georges-Marie Tissot de
la Barre de Mérona)*. Né en 1859, profès simple en
1880, profès solennel en 1883. Parti pour le *Chen-
si, Missionnaire* au *Chan-tong oriental.* Actuellement
de retour en Europe. (Province de France).

En 1885 :

R. P. Étienne-Marie de Beauteville, diocèse
d'Amiens. *(Jean Rougé)*. Parti pour le *Chen-si. Mort
à Si-ngan-fou, le 6 septembre 1901, à l'âge de qua-

rante ans, après vingt et un ans de profession religieuse. (Ancienne Province de Saint-Louis).

R. P. Hugolin de Doullens, diocèse d'Amiens. (*Georges-Marie Villeret*). Né en 1852, profès simple en 1875, profès solennel en 1878. *Mort* au *Chan-si septentrional*, en 1897. (Province de Saint-Louis en Aquitaine).

R. P. Théodoric de Saint-Martin du Taur, diocèse d'Albi. (*Théodoric Balat*). Né en 1858, profès simple en 1881, profès solennel en 1884. *Massacré* au *Chan-si septentrional*, en 1900. (Province de Saint-Louis en Aquitaine).

R. P. Roch d'Airaines, diocèse d'Amiens. (*Auguste-Pascal Lescureux*). Né en 1852, profès simple en 1874, profès solennel en 1877. Resté cinq ans au Chan-tong. Actuellement de retour en Europe. (Province de France).

En 1886 :

R. P. Gervais-Marie de Tierbach. (*Joseph-Charles Vonau*). *Mort* à Tché-fou (*Chan-tong*), en 1887, à l'âge de trente ans, après onze ans de profession. (Ancienne Province de Saint-Louis).

Fr. Gaspard de Nock, diocèse de Bruges. (*Gaspard Sélin*). Né en 1858, profès simple en 1883, profès solennel en 1886. Missionnaire au *Chen-si septen-*

trional. *Mort au Chan-tong*, le 27 mai 1900. (Province de France).

En 1887 :

R. P. BARNABÉ DE SCHAVEMBERG, diocèse de Strasbourg. *(Joseph Meinstermann)*. Né en 1850, profès simple en 1876, profès solennel en 1879. Parti pour le *Chan-tong* et *resté six ans* en Chine. Actuellement en Terre-Sainte. (Province de France).

En 1890 :

R. P. GONZALVE-MARIE DU VAL DES BOIS, diocèse de Reims. *(Paul-Victor Harmel)*. *Mort* au *Chan-tong*, la même année, à l'âge de vingt-six ans et après sept ans de profession. (Ancienne Province de Saint-Louis).

R. P. APOLLINAIRE DE CHATELAUDREN, diocèse de Saint-Brieuc. *(Étienne-René-Marie Jaunas)*. Né en 1864, profès simple en 1886, profès solennel en 1889. *Resté sept ans* au *Chan-tong*. Revenu en France. (Province de France).

R. P. PACIFIQUE D'AINCREVILLE, diocèse de Verdun. *(Camille Chardin)*. Né en 1867, profès simple en 1886, profès solennel en 1889. *Resté dix ans* au *Chan-tong*. Actuellement de retour en France. (Province de France).

R. P. Chérubin de Montpellier. *(Lucien-Noël Theule)*. Né en 1864, profès simple en 1887, profès solennel en 1890. *Resté dix ans au Chan-tong*. Actuellement de retour en France. (Province de Saint-Louis en Aquitaine).

R. P. Mathieu Canioni, du diocèse d'Ajaccio. Parti pour le *Chan-si*. (Province de Corse).

Fr. Sabas de Didenheim, diocèse de Strasbourg. *(Sabas Wilhem)*. Né en 1858, profès simple en 1889, profès solennel en 1890. *Resté dix ans au Chan-tong*. Actuellement de retour en France. (Province de France).

Fr. Nicolas Colombani, du diocèse d'Ajaccio. Parti pour le *Chan-si*. (Province de Corse).

En 1894 :

R. P. Romuald de Saint-André, diocèse de Montpellier. *(Paulin-Remy-Emmanuel Blavet)*. Né en 1858, profès simple en 1893, profès solennel en 1896. *Resté cinq ans au Chan-tong oriental*. Actuellement de retour en France. (Province de Saint-Louis en Aquitaine).

En 1895 :

R. P. Adeodat de Sainte-Marie aux Mines, diocèse de Strasbourg. *(Jean-Roch Wittner)*. Né en 1868, profès simple en 1887, profès solennel en 1890,

Actuellement Missionnaire au *Chan-tong oriental* (Province de France).

R. P. SOLANO DE PARIS. *(Charles-Marie-Michel Tireau).* Né en 1866, profès simple en 1889, profès solennel en 1892. *Resté cinq ans* au *Chan-tong.* Actuellement de retour en France. (Province de France).

En 1898 :

R. P. LOUIS DE SAINT-ORENS, diocèse d'Auch. *(Jean-Marie Gauti).* Né en 1875, profès simple en 1898, profès solennel en 1901. *Actuellement au Chan-tong oriental.* (Province de Saint-Louis en Aquitaine).

En 1899 :

FR. ANDRÉ-JOSEPH DE GUEBWILLER. *(André Bauer).* Né en 1866, profès simple en 1896, profès solennel en 1899. *Massacré* au *Chan-si septentrional* en 1900. (Province de France).

En 1901 :

R. P. PAUL-JOSEPH DE PARIS. *(Henri Cuche).* Né en 1861, profès simple en 1890, profès solennel en 1892. *Actuellement Missionnaire au Chan-tong septentrional.* (Province de France).

R. P. HENRI DE LÉGUEVIN, diocèse de Toulouse. *(Henri Vielle).* Né en 1866, profès simple en 1894, profès solennel en 1897. *Actuellement Missionnaire* au

Chan-tong oriental. (Province de Saint-Louis en Aquitaine).

R. P. Apollinaire de Manciet, diocèse d'Auch. *(Jean Dufrançois).* Né en 1874, profès simple en 1897, profès solennel en 1899. *Actuellement Missionnaire* au *Chan-tong oriental.* (Province de Saint-Louis en Aquitaine).

R. P. Anselme de Saint-Médard, diocèse de Lyon. *(Jean Clavel).* Né en 1875, profès simple en 1894, profès solennel en 1900. *Actuellement Missionnaire* au *Chan-tong oriental.* (Province de Saint-Louis en Aquitaine).

R. P. Mansuet Masson, du diocèse de Nancy, Missionnaire au *Chan-tong oriental.* (Province de Saint-Louis en Aquitaine).

TABLE DES MATIÈRES

CHAPITRE IX
A T'oung-eul-kéou.

CHAPITRE X
Les derniers combats.

APPENDICES
I
Un opuscule inédit du R. P. Hugolin.

II
L'Ordre de saint François et les Missions.

III
Les Frères Mineurs français en Chine.

L'imprimeur-gérant : LEMIÈRE

Vanves. Imp. Française. Miss., 16 route de Clamart.